趋同化管理中的"求同存异"
——基于文化价值观视角

The Principle of Seeking Common Ground While Reserving
Differences in Management Mode of Convergence
A Study in Perspective of Cultural Values

王欣梅　王孙禺　著

社会科学文献出版社
SOCIAL SCIENCES ACADEMIC PRESS (CHINA)

目　录

第一章　趋同化管理 …………………………………………… 1
一　趋同化管理的概念 ………………………………………… 2
二　来华留学生的特殊管理 …………………………………… 3
三　来华留学生特殊管理的原因分析 ………………………… 6
四　趋同化管理实施的原因分析 ……………………………… 8
五　趋同化管理的现实困境 …………………………………… 11
六　趋同化管理的"同中有异" ……………………………… 13
七　趋同化管理的主要维度 …………………………………… 14

第二章　来华留学生的文化价值观特点 ……………………… 19
一　文化与文化价值观的概念 ………………………………… 20
二　文化价值观理论 …………………………………………… 23
三　文化价值观差异——趋同化管理的"异"因素 ………… 31
四　部分共建"一带一路"国家来华留学生的文化价值观特点 … 33

第三章　趋同化教学管理 ……………………………………… 37
一　教学管理的概念 …………………………………………… 37
二　来华留学生的教学管理 …………………………………… 39
三　来华留学生的趋同化教学管理 …………………………… 44
四　来华留学生趋同化教学管理下的感受差异 ……………… 46

第四章　趋同化教学管理下来华留学生的适应差异……58
一　基于文化维度理论模型的访谈设计……59
二　基于文化维度理论模型的访谈分析……62
三　基于访谈分析的问卷设计……76
四　问卷的信度和效度检验……79
五　问卷的探索性因子分析……81
六　问卷的验证性因子分析……84

第五章　来华留学生文化价值观差异对趋同化教学管理的影响……99
一　师生距离对课程评价的影响……101
二　学业竞争意识对考试适应的影响……105
三　自我要求倾向对课程评价和考试适应的影响……108

第六章　趋同化生活管理与趋同化思想教育管理……113
一　趋同化生活管理的概念与趋同化思想教育管理的概念……113
二　从特殊照顾到趋同化生活管理……114
三　趋同化生活管理下来华留学生的感受差异……115
四　趋同化思想教育管理下来华留学生的感受差异……120
五　访谈分析……125

第七章　对趋同化管理的思考与建议……129
一　文化价值观与趋同化管理的关系……129
二　对趋同化管理的思考……131
三　对趋同化管理的建议……139
四　趋同化管理研究的展望……143

参考文献……146

附录 A　趋同化教学管理下中外学生文化价值观问卷……152

附录 B　访谈提纲……156

Directory

Chapter One　Convergence Management ……………………… 1
    Ⅰ   The Concept of Convergence Management ……………………… 2
    Ⅱ   Special Management for International Students ………………… 3
    Ⅲ   The Causes of the Special Management for International Students … 6
    Ⅳ   The Causes of the implementation of the Management of
        Convergence ……………………………………………………… 8
    Ⅴ   The Realistic Difficulties of Convergence Management ………… 11
    Ⅵ   Seeking Common Ground While Reserving Differences in
        Convergence Management ……………………………………… 13
    Ⅶ   The Main Dimension of Convergence Management ……………… 14

Chapter Two　The Characteristics of the Cultural Values of International
               Students ……………………………………………… 19
    Ⅰ   The Concepts of Culture and Cultural Values …………………… 20
    Ⅱ   The Theories of Cultural Values ………………………………… 23
    Ⅲ   Cultural Values—Different Factors of Convergence Management … 31
    Ⅳ   The Characteristics of Cultural Values of the International Students
        from The Belt and Road Initiative Countries …………………… 33

Chapter Three　Convergence Teaching Management ……………… 37
    Ⅰ   The Concepts of Teaching Management ………………………… 37

Ⅱ　Teaching Management for International Students ……………… 39

Ⅲ　Teaching Management of Convergence for International Students … 44

Ⅳ　The International Students' Different Feelings of the Convergence Teaching Management ……………………………………………… 46

Chapter Four　The International Students' Different Adaptations to the Convergence Teaching Management ……………… 58

Ⅰ　Interview Design Based on Cultural Dimensions Theory ………… 59

Ⅱ　Interview Analysis Based on Cultural Dimensions Theory ………… 62

Ⅲ　Questionnaire Design Based on Interview Analysis ……………… 76

Ⅳ　Reliability and Validity of Questionnaire ………………………… 79

Ⅴ　Exploratory Factor Analysis of Questionnaire …………………… 81

Ⅵ　Confirmatory Factor Analysis of Questionnaire ………………… 84

Chapter Five　The Impact of Cultural Value Differences of International Students on Convergence Teaching Management ……………………………………………………………… 99

Ⅰ　The Impact of Teacher-Student Distance on Course Evaluation ……………………………………………………………… 101

Ⅱ　The Impact of the Awareness of Academic Competitions on Examination Adaptation ………………………………………… 105

Ⅲ　The Impact of Self-restraint tendency on Course Evaluation and Examination Adaptation ………………………………………… 108

Chapter Six　Convergence Life Management and Convergence Ideology Education Management ……………………………… 113

Ⅰ　The Concept of Convergence Life Management and the Concept of Convergence Ideology Education Management ……………… 113

Ⅱ　The Evolution of Convergence Life Management from Special Care ·· 114

Ⅲ　The International Students' Different Feelings of Convergence Life Management ··· 115

Ⅳ　The Different Feelings of Acculturation and Laws Education Mode of Convergence ·· 120

Ⅴ　Interview Analysis ··· 125

Chapter Seven　Reflections and Suggestions on the Convergence Management for International Students ········ 129

Ⅰ　The Connections between Cultural Values and Convergence Management ··· 129

Ⅱ　The Reflections on Convergence Management ···················· 131

Ⅲ　The Suggestions on the Convergence Management ··············· 139

Ⅳ　The Prospect of the Study of Convergence Management ········· 143

Bibliography ··· 146

Appendix A ··· 152

Appendix B ··· 156

第一章
趋同化管理

在来华留学生数量日益增长的背景下,中国高校对来华留学生的管理模式成为近年来社会关注的热点问题。

在学界,学者对来华留学生的管理模式十分关注,对来华留学生是否应享受特殊照顾也进行了分析和研究。例如,张铮(2010)、彭庆红和李慧琳(2012)、黄长彬和陈新忠(2022)指出,中国的留学生管理工作确实存在特殊照顾倾向。特殊照顾虽然使得留学生倍感温暖,但容易产生优越感,引发其与中国学生的冲突,增加学校工作负担和压力,导致管理困难与资源浪费的问题。彭庆红、李慧琳(2012)认为,来华留学生教育管理中存在特殊照顾的教育管理模式,这成为我国来华留学生事务管理科学化发展过程中不容忽视的因素。通过研究分析,学者普遍认为对来华留学生的特殊照顾、特殊待遇是特定历史时期的产物,已不适应来华留学生教育的发展形势,来华留学生的管理模式应该由特殊管理转向趋同化管理。

近年来,我国教育主管部门对来华留学生的趋同化管理也提出了明确的要求。2017年,教育部和国务院学位委员会联合发布的《学位与研究生教育发展"十三五"规划》指出,"整合教务管理、校园生活等工作职能,促进留学生与中国学生的趋同化管理,为留学生创造更好的学习与生活条件"。[①] 2018年,教育部国际司负责人就来华留学相关问

---

① 《教育部 国务院学位委员会关于印发〈学位与研究生教育发展"十三五"规划〉的通知》,教育部官网,http://www.moe.gov.cn/srcsite/A22/s7065/201701/t20170120_295344.html。

题答记者问时提出"要推进中外学生教学、管理和服务的趋同化,要求高校将来华留学生教育纳入全校的教育质量保障体系中,实现统一标准的教学管理与考试考核制度,提供平等一致的教学资源与管理服务,保障中外学生的文化交流与合法权益"[1]。由此可见,我国教育主管部门已将趋同化管理作为高校管理来华留学生的重要模式。在这两份文件出台之前,我国政府相关部门对来华留学生趋同化管理已有明确的方向和规划,并鼓励高校进行趋同化教学和服务的有益尝试。比如 2016 年,《关于政协十二届全国委员会第四次会议 0079 号(教育类 009 号)提案答复的函》就提到"在中外学生趋同化管理方面,目前部分高校积极开拓创新,在趋同化教学和服务方面开展了有益尝试。下一步,将继续鼓励有条件的高校开展创新实践,在充分考虑来华留学生特点的前提下,稳步推进趋同化管理,促进来华留学生与中国学生的融合"[2]。一些高校在办学实践中也积极推行来华留学生的趋同化管理,如复旦大学就提出"倡导留学生与中国学生趋同化管理的理念,逐步探索形成两级管理、院系为主、部门分工的工作模式"[3]。由此可见,无论是教育主管部门的政策导向还是学界的研究成果,以及社会的舆论倾向都达成了一定的共识,即对来华留学生的特殊照顾、特殊待遇已不适应当下的现实状况和发展趋势,应大力推行来华留学生的趋同化管理,为来华留学生提供与中国学生基本一致的学习和生活资源,倡导在教学、生活等方面的趋同化管理。

一 趋同化管理的概念

"趋同"在《辞海》中的解释是"亲缘关系较远的异种生物,因所

---

[1] 《质量为先 实现来华留学内涵式发展——教育部国际司负责人就来华留学相关问题答记者问》,教育部官网,http://www.moe.gov.cn/jyb_xwfb/s271/201907/t20190719_391532.html。
[2] 《关于政协十二届全国委员会第四次会议 0079 号(教育类 009 号)提案答复的函》,教育部官网,http://www.moe.gov.cn/jyb_xxgk/xxgk_jyta/jyta_gjs/201609/t20160926_282274.html。
[3] 《复旦大学"三个优化"不断提高留学生培养质量》,教育部官网,http://www.moe.gov.cn/jyb_xwfb/s6192/s163/s164/201307/t20130708_153956.html。

处的生活环境相同，显现相似的形态特征"。可见，"趋同"原本是一个生物概念，被借用到教育学研究中。这个概念虽然离教育学很远，但可以看出其所表达的逻辑关系，即原本是"异种生物"，由于"所处的生活环境相同"，所以"显现相似的形态特征"。我们可以理解为原本有差异的群体或个体，由于外在原因（相同环境）而缩小差异，产生共性。"趋同"在留学生教育中的适用性就体现在留学生是一个文化差异性很大的群体，在相同的教育管理模式中，可以缩小差异，产生共性。可以说，"趋同"概念契合了留学生教育的特点。

对"趋同化管理"概念的正式界定可以追溯到学者高英学（1998）的文章《关于来华留学生教育管理对策的思考》。他认为趋同化管理指的是对外国留学生的教学、研究、生活等趋向与中国学生相同的管理，是比照教育本身的含义和国外对留学生的教育所采用的方式而提出的一种对留学生的管理模式。同时，高英学（1998）还进一步界定了"趋同"的概念，即"趋同本身的提法就表明了还不相同而且朝着相同的管理方式去努力，表达了管理模式改进的一个目标"。高英学界定的"趋同"和"趋同化管理"的概念为后续对趋同化管理的研究奠定了基础，成为后续研究引用较多的核心概念。综观我国来华留学生教育的发展历史，来华留学生趋同化管理的提出，有着一定的历史背景和深刻的现实意义。

二　来华留学生的特殊管理

来华留学生趋同化管理的提出是要转变来华留学生教育管理中长期存在的特殊照顾的管理模式。对来华留学生的特殊照顾、特殊待遇有其特殊的历史背景，是特定历史时期的产物。

在新中国成立初期，我国政府就接收了来自东欧社会主义国家的第一批留学生，可以说新中国的来华留学生教育是伴随着新中国的历史发展起来的。笔者通过查阅相关史料和文献，将来华留学生教育大致划分为五个阶段：改革开放前的来华留学生教育（1950～1977年）、改革开放初期的来华留学生教育（1978～1984年）、开放的来华留学生教育体制的建立（1985～1997年）、来华留学生全面快速增长（1998～2012年）、"一带一路"倡议下来华留学生教育的新格局（2013年至今）。这五个阶段分别具有不同的特点。

1950～1977年的来华留学生教育的特点是总体规模小、招收渠道单一。"据教育部统计，1950～1965年，我国共接收70个国家的各类来华留学生7259人，其中来自建交国家的留学生为7090人，占同期来华留学生总数的97.7%。"（李滔，2000）由于"文化大革命"，来华留学生教育中断，1966～1972年，我国没有接收来华留学生。1973年我国恢复接收来华留学生。据教育部统计，1973～1977年，我国共接收2066名来华留学生。这些留学生主要来自与我国建立外交关系的69个国家，分布在全国二十几所高校中，平均每所高校有外国留学生几十人（于富增，2009）。来华留学生招收渠道单一，多数为通过双边政府渠道接收的奖学金留学生，通常由我国政府与外国政府（多数是与中国建立外交关系的国家的政府）通过协商确定接收来华留学生人数，我国教育主管部门根据各个院校接收来华留学生的数量拨付费用。

1978～1984年来华留学生教育的特点是招生规模扩大、招收短期来华留学生。改革开放后，经教育部批准对外接收来华留学生的院校数量不断增加，从1979年的23所增加到1984年的55所（于富增，2009）。来华留学生不仅在规模上有所增长，而且类别趋于多样化，除了本科生、研究生、进修生（在华学习年限一般为半年至一年），我国高校开始招收短期来华留学生。对于高校接收短期来华留学生，教育部给予了极大的支持，颁布了相关的文件，提出了扩大短期来华留学生教育的具体措施。例如，1980年颁布了《教育部关于1980年开办暑期汉语学习班的通知》《关于高等院校开办外国人来华短期中文学习班问题的通知》，1983年4月发布了《中华人民共和国教育部为外国人举办短期学习班的有关规定》，等等。在此期间，大部分短期来华留学生不是奖学金留学生，而是自费生。因此，我国政府相关部门出台了短期来华留学生的学费、住宿费等标准，1983年，教育部、财政部、劳动人事部、国家物价局、国家外汇管理局联合发布了《关于重新印发〈为外国人举办短期学习班费用的试行规定〉的通知》。在这些文件中，我国教育主管部门明确了短期留学生是我国高校来华留学生群体中的一部分，并鼓励高校积极创造条件，接收短期来华留学生。在这一时期，短期来华留学生主要来自日本和欧美发达国家，仅1982年我国就接收了2500多名短期来华留学生，超过了1973~1977年我国接收的各类来华留学生（2066人）的总和（于富增，2009）。

1985~1997年来华留学生教育的特点是赋予高校招收来华留学生的自主权利。在这一时期，高校接收来华留学生的资格审批由省、自治区、直辖市政府有关部门负责，不需经教育部审批。高校自主招收来华留学生的范围包括本科生、研究生、进修生和短期留学生，并由高校自筹资金满足招收来华留学生所需的物质条件，高校自筹资金的来源是自费来华留学生的学费。我国高校在取得来华留学生的自主招生权利后，能够直接对接国际留学生市场，极大促进了我国来华留学生教育的发展，截止到1997年，我国接收来华留学生的高校增加到330多所，同年接收自费来华留学生39000多人，比1990年增长了9倍多（于富增，2009）。

1998~2012年来华留学生教育的特点是来华留学生教育成为高校国际化建设的重要内容。1998年，中国政府提出建设世界一流大学的目标，并开始实施高等教育扩招政策，高校在学人数迅速增加，我国高等教育也进入快速发展时期，这一时期为高校来华留学生教育提供了有利条件。随着建设世界一流大学目标的提出，中国高校纷纷将国际化建设提上日程，主动对接国际留学生市场，积极参加国际教育交流，各类留学生数量快速增长。例如，2007年来华留学生总数约为195000人，其中自费留学生约为185000人，占当年来华留学生总数的94.9%（于富增，2009）。

2013年至今来华留学生教育的特点是中国主导"一带一路"教育行动，促进共建"一带一路"国家教育合作。中国政府的"一带一路"教育行动成为"一带一路"建设的重要内容。"一带一路"教育行动促进了共建"一带一路"国家来华留学生人数的增长。以2017年为例，来华留学生总数为48.92万人，共建"一带一路"国家的来华留学生达到31.72万人，占比为64.84%（中国人权研究会，2020），而这些国家对来华留学的需求远未饱和，并且有着较大的增长潜力。由上述可以看出，我国来华留学生教育从新中国成立、改革开放到"一带一路"倡议提出共经历了五个不同阶段，每个阶段呈现不同的特点，反映了来华留学生教育发生了较大变化。因此，来华留学生教育的管理模式也随之发生较大变化，来华留学生的趋同化管理就是顺应来华留学生教育形式的变化而提出的。

三　来华留学生特殊管理的原因分析

自新中国成立以来，我国来华留学生管理模式就有别于国内高校学生的管理模式，长期对来华留学生实施"特殊管理""单独管理"，直到20世纪90年代开始有学者提出来华留学生趋同化管理的理念，但是在高校具体实施中趋同化管理进展缓慢。对来华留学生实施"特殊管理""单独管理"与新中国来华留学生教育发展历史有很大关系。新中国成立后，我国接收来华留学生在很大程度上是一种国际义务，注重其外交意义和政治意义。在新中国成立初期，来华留学生多数来自与新中国建立外交关系的国家，由双方政府协商确定留学生交流的规模和相关费用，旨在促进和巩固我国与这些国家的良好外交关系。例如，1950年中国接收了第一批来自罗马尼亚等5个东欧国家的33名留学生。我国外交部规定，"对留学生开放的专业主要是汉语、历史、近百年来中国革命运动等；中方负担来华留学生的学费、书费、住宿费、伙食费、医疗费以及有组织的旅行费用。与其他4个东欧国家交换留学生的办法与罗马尼亚相同"（于富增，2009）。来华留学生管理工作受到我国教育主管部门的高度重视，这主要体现在对来华留学生的特殊管理上。1962年和1974年，我国先后制定了《外国留学生工作试行条例（草案）》和《外国留学生管理规定》等文件，明确规定了中国高校对来华留学生管理的权限和责任，这些规定与管理中国学生的规定有较大的区别，主要体现在教学管理和生活待遇两个方面。例如，中国高校根据学生学习情况可以对中国学生给予留级和开除学籍等处理，这属于高校对学生的管理权限。但是来华留学生的学籍管理权限不属于中国高校，而是划归了教育部。《外国留学生工作试行条例（草案）》规定"学校应根据考勤、考级制度对留学生进行考核。凡是留级、开除学籍者，必须报教育部批准。留学生改变专业、延长学习时间、提前结业和中途回国等，由学校报教育部批准"。在教学实践中，多数来华留学生是单独编班，单独教学。对一些基础差、难以跟上学习进度的留学生，高校还安排教师对他们进行个别辅导。在生活待遇方面，来华留学生的宿舍和食堂标准都高于中国学生。例如，在20世纪60年代，"我国教育主管部门规定留学生每月生活费80元，而当时中国大学生的每月伙食费只有10元左右"（于富增，2009）。由上述两个方面，我们可以看出中国高校对来华留学生的学习和生活给予了极大的照顾。综上所述，我国政府对来华留学生的特殊管理主要基于下列两点原因。

一是与其他国家交换留学生具有重要外交意义，有助于促进国与国之间的文化交流与理解。新中国成立初期，很多西方国家对新中国持观望态度，迟迟未与中国建立正式外交关系。中国政府通过与一些国家互派留学生，促进了这些国家对中国的了解和认识，进而有助于发展外交关系。截至1955年底，世界上与我国建立外交关系的国家只有22个；1955~1965年，与我国建立外交关系的国家有27个；1970~1978年，共有65个国家与我国建立了外交关系；截至1978年，与我国建立外交关系的国家共有132个。我国外交事业的发展依托于国内政治经济发展、国际形势变化，但是不可否认的是来华留学生教育也为我国外交事业发展做出了贡献。与我国正式建交的很多国家都有与中国互派留学生的经历，这些来华留学生很多成为知华、友华、爱华的国际友人，回到他们的祖国后，为中国和这些国家搭建了交流合作的桥梁。

二是来华留学生总体规模较小。据统计，1962年，在校来华留学生总数为1138人，这些留学生分布在全国12个城市的53所高校中，平均每所高校有外国留学生21人；1966年高校停止招生，安排所有在校的来华留学生回国休学；1973年恢复接收来华留学生；1977年在校来华留学生总数为1217人（李滔，2000）。由此可见，改革开放前来华留学生总体规模较小，而且来华留学生几乎全部来自官方渠道，高校接收的都是享受政府奖学金的来华留学生。由于各个高校接收的来华留学生数量较少，重视程度较高，因此各个高校采取抓总负责的做法，专设机构或干部管理来华留学生的学习和生活，并给予适当的照顾，如考虑到来华留学生的汉语水平有限，采用单独编班、配备专职教师的方式教学，并提供了优于中国学生的生活条件。对来华留学生的特殊管理是改革开放前特殊历史时期的产物，并且对当时的来华留学生管理起到了积极的作用，为我国对外交流做出了贡献。

四 趋同化管理实施的原因分析

虽然对来华留学生的特殊管理在特定历史条件下起到了积极的作用，但随着改革开放后来华留学生教育定位的转变和来华留学生规模的迅速增长，来华留学生的趋同化管理是大势所趋。来华留学生趋同化管理的提出既有国内因素驱动，也有国际因素驱动。国内因素是顺应我国来华留学生教育的形势变化，国际因素是趋同化管理是国际上留学生管理的常规做法。

从国外来看，欧美国家接收外国留学生的历史可以追溯到19世纪，特别是19世纪后半叶，各国派送到欧洲国家的留学生数量持续增加。在这一时期，德国由于工业水平和高等教育水平高于其他国家，成为

19世纪后半叶接收留学生最多的国家，达上万名。美国从20世纪初通过移民政策也开始吸收越来越多的外国留学生。这些国家的高校经过多年的探索和实践，已经形成了较为成熟的留学生教育模式。在管理层面上，这些国家中的部分高校设有主管留学生事务的机构，部分高校不设专门机构，而是依靠校内专业化的服务部门及学生社团的辅助管理留学生事务。不管何种管理模式，这些高校都没有把本国学生和外国学生分开对待，而是将外国学生的教学和管理纳入本国学生的体系中，实现了本国学生和外国学生趋同化管理的目标。

从国内来看，改革开放后，我国已经与世界上绝大多数国家建立了外交关系，留学生的数量大大增加，来华留学生教育发生了很大的变化，主要体现在两个方面。

一是我国对来华留学生教育的定位发生变化。从新中国成立到改革开放，再到"一带一路"倡议提出，我国对来华留学生教育的定位既有继承性又有发展性。继承性体现在我国对来华留学生教育始终赋予一定的外交意义，将留学生交流作为与各国保持和发展友好关系的重要渠道。无论是新中国成立初期，还是21世纪我国提出"一带一路"教育行动，都是把来华留学生教育作为服务国家对外交流的重要部分。发展性体现在对来华留学生教育给予了新的定位，即来华留学生教育对我国高等教育发展的促进作用。人们在分析世界一流大学的发展特点时看到，世界一流大学在学校的教师和学生的来源及选择上都实行高度开放的政策，它既是世界优秀人才集聚的地方，也是世界优秀学生（包括留学生）集聚的地方（于富增，2009）。我国来华留学生教育对我国高等教育发展起到积极的促进作用。改革开放以来，政府和高校都看到了来华留学生教育对我国建设世界一流大学的重要作用，看到了来华留学生教育对中国高校国际化建设的重要作用。因此，我国政府出台了一系列政策鼓励各个高校发展来华留学生教育，各个高校对来华留学生由"被动接收"变成"主动招收"，积极对接国际留学生教育市场，扩大招生规模，提升教育质量。

二是来华留学生教育的规模和结构发生变化。从1950年新中国接收33名首批来华留学生到2016年来华留学生数量达到44.3万人，来华留学生教育的规模有了巨大的增长。这种规模增长主要基于两点原因。其一，中国经济发展与综合国力的快速提升吸引外国留学生来华学习。作为世界上重要的新兴经济体，中国蓬勃的市场、日渐提高的综合国力和国际地位引起了世界各国的关注（王辉耀、苗绿，2017）。因此，越来越多外国留学生进入中国学习，希望在中国的学习经历能够使他们获得更好的发展机会。其二，中国高等教育发展迅速，具有一定优势。随着我国建设世界一流大学目标的提出，中国高等教育在近20年发展迅速，教育质量明显提升，吸引了来自世界各地的青年学子。中国已成为世界第三大留学生输入国。2016年，中国大陆共有33所大学进入QS世界大学排行榜720强，24所大学进入排行榜前500名。综合国力的提升和优质的高等教育使得来华留学生规模不断壮大。"一带一路"倡议提出后，来华留学生不仅在规模上不断扩大，在结构上也发生了变化，共建"一带一路"国家成为来华留学的重要生源国。共建"一带一路"国家的来华留学生在来华留学市场中占有越来越重要的位置。

综上所述，基于来华留学生教育的定位、规模和结构的变化，来华留学生的教育模式和管理模式必将随之发生改变。对来华留学生的特殊管理、单独管理越来越不适应当前来华留学生教育的形势。其实，我国教育主管部门已明确对来华留学生实施趋同化管理，但很多高校在具体实施趋同化管理上步伐缓慢，依然沿用对来华留学生特殊管理、特殊照顾的传统管理模式。事实上，对来华留学生的特殊管理使来华留学生在高校中处于封闭和半封闭的状态，与中国学生相隔绝，对于渴望了解中国文化、融入中国的来华留学生来说，无法客观了解中国社会发展情况。对于中国学生来说，对来华留学生的特殊管理使其缺乏与来华留学生进行有效跨文化交流的机会，没有真正享有高校国际化的成果，本质上是高等教育资源的浪费。因此，对来华留学生的趋同化管理既是大势所趋，又是促进高校国际化的必然举措。

五 趋同化管理的现实困境

尽管来华留学生的趋同化管理是大势所趋，但国内部分高校在实施趋同化管理的步伐上十分缓慢。有学者对全国289所高校的来华留学生管理模式进行调研，发现只有48所高校采用了趋同化管理，占比为16.61%。实施趋同化管理的院校多数采用"多职能部门+学院"两级管理的模式，即将教务管理、招生管理与日常管理分离开来，由不同的职能部门分别负责，甚至连来华留学生的住宿也与中国学生趋同，进一步推动了趋同化管理的进程（邱洋海，2020）。全国289所高校的国际学生管理模式归类情况如表1-1所示。

表1-1 全国289所高校的国际学生管理模式归类情况

单位：所，%

趋同程度	主要特点	数量	占比
不趋同	除国际学院的其他二级学院或除归口职能部门、直属单位外的其他部门不参与	235	81.31
半趋同	"单职能部门+学院"两级管理	48	16.61
多数趋同（接近完全趋同化）	"多职能部门+学院"两级管理		
暂无法确定类型	—	6	2.08
合计	—	289	100.00

这些高校在来华留学生的趋同化管理上取得了一定进展，为其他高校实施趋同化管理提供了宝贵经验。但是也要看到很多高校在实施趋同化管理上热情不高、步伐缓慢是有其现实困境的。采用趋同化管理的高校多数是国际排名靠前、生源质量较好的，如清华大学、北京大学、复旦大学等。这些高校在实施趋同化管理上有着较好的条件，如学校国际知名度高、留学生生源质量好、学校的管理团队充足、部门协调机制完善等。与之相比，多数地方高校在实施趋同化管理时面临种种困难。笔

者通过对中国知网上的关于趋同化管理的文章进行梳理,发现多数文章提到实施趋同化管理在现实中的困境,并将之归纳为以下几点。

一是来华留学生录取门槛低,不利于实施趋同化管理。一些高校在海外招生中以数量优先,门槛较低,缺乏规范的入学评价体系,很多来华留学生入学后专业知识基础薄弱、语言障碍明显,造成了趋同化管理实施的困难。例如,高校一般会将汉语水平考试(HSK)4级作为来华留学生申请学历课程的基本条件,但通过HSK 4级的留学生仅仅掌握了1500个左右的词,只能保证日常简单交流,而来华留学生热衷选择的医学、经济、计算机等专业术语较多,对学生基础知识要求较高,因此很难进行趋同化管理。在没有良好生源的前提下,趋同化管理的实际效果可能大打折扣,不仅影响管理效果,也影响培养质量,甚至影响整个来华留学生培养的口碑和形象(邱洋海,2020)。

二是高校部门协同不足,导致趋同化管理形神分离。来华留学生的趋同化管理需要高校中多部门协同,主要是职能部门与二级学院的协作配合。但是,在一些高校中部门协同不足,造成趋同化管理浮于表面,甚至出现来华留学生思想管理、生活管理等方面的真空。逄成华(2011)以中国SC大学实施来华留学生趋同化管理改革为例进行了分析,认为此次改革践行了趋同化管理的先进理念,但是也存在明显的问题。例如,SC大学在此次趋同化管理改革中,将来华留学生的学历教育工作由国际合作交流处转入各二级学院,但是没有对相关部门进行组织机构、人员分工以及规章制度方面的调整,二级学院只负责教学管理,来华留学生思想和生活的管理归口定位不明确,造成来华留学生事务管理出现真空,导致一些来华留学生的思想和文化导引工作长期处于缺失状态。

三是中外学生文化差异大,增加趋同化管理难度。由于来华留学生来自各个国家,文化背景差异大,在实施趋同化管理中无法做到与中国学生管理方式完全相同。对于同样的教学计划、教学方法,来华留学生和中国学生感受差异较大,中国学生已经习以为常的事,来华留学生却觉得难以理解。对于教师来说，面对多元文化背景的学生群体，教师的跨文化能力和语言运用水平受到很大的挑战。来华留学生对同样知识的接受程度和理解程度不同，教师需要运用更灵活的教学方法才能进行教学，完成教学任务。

综上所述，来华留学生趋同化管理虽然是大势所趋，但是在高校具体实施过程中却遭遇了现实困境。因此，趋同化管理从一个管理理念到深入人心、现实落地还有很多亟待解决的具体问题。笔者认为，趋同化管理的研究不足是在实施趋同化管理过程中遭遇现实困境的重要原因。趋同化管理涉及来华留学生学习、生活的方方面面，因此应对趋同化管理的维度进行细化，探索影响趋同化管理的因素，为走出趋同化管理的现实困境提供建议。

六 趋同化管理的"同中有异"

在实施来华留学生趋同化管理过程中，部分高校所遭遇的现实困境说明趋同化管理不是简单的"一同了之"，趋同化管理不是相同化管理，趋同化不是等同化，应认识到趋同化管理面临的复杂情况。趋同化管理不仅要趋同，还要存异，趋同化管理中的"同"与"异"是长期共存的两个因素，处理好"同"与"异"的关系是提升趋同化管理质量的重要基础。我国教育主管部门和国内学者都非常关注趋同化管理中"同"与"异"的关系，并围绕正确处理趋同化管理中的"同"与"异"的关系问题开展研究，取得了一定的共识，即在趋同化管理中应遵循"同中有异"的原则。

从宏观层面上看，我国教育主管部门对趋同化管理中"同中有异"的原则有明确表述。在实施来华留学生趋同化管理的文件中明确指出趋同化不是等同化，且对"同"和"异"的关系有着明确的表述。例如，2019年教育部国际司负责人表示，"趋同化并不意味着等同化。既要对中外学生一视同仁，也要看到来华留学生风俗习惯和语言、文化存在差异，以合理、公平、审慎为原则，帮助来华留学生了解中国国情文化，尽快融入学校和社会"。① 来华留学生的风俗习惯、语言、文化差异是趋同化管理中"异"的因素，高校不仅要理解差异，还要帮助来华留学生克服差异的不利影响，尽快融入中国学校和社会。

从中观层面上看，学界和高校对趋同化管理中的"同中有异"原则有清醒的认识。例如，高英学（1998）认为趋同本身的提法就表明了还不相同但朝着相同的管理方式去努力，表达了管理模式改进的一个目标。一些高校管理人员通过管理实践，对趋同化管理中的"同中有异"原则进行了总结。例如，逢成华（2011）以中国 SC 大学实施来华留学生趋同化管理改革为例进行了分析，阐述了趋同化管理中"同中有异"的原则。邱洋海（2020）通过对趋同化管理中"异"的因素的分析，阐述了高校实施趋同化管理面临的问题，并提出相应对策。学者们普遍认为来华留学生既具有学生身份又是外国人，其和中国学生的相同之处在于相同的学生身份、进行相同的学业，不同之处在于来华留学生来自不同国家，具有不同的文化背景、语言特点、风俗习惯等，因此可以说"同"是相对的，"异"是绝对的。

从微观层面上看，来华留学生、高校教师、管理人员对趋同化管理中的"同中有异"有亲身感受。近年来，在实施趋同化管理的高校中，来华留学生和中国学生在趋于相同的环境中学习、生活、参加社会活动等，双方在文化、语言、风俗习惯方面的差异感受最为直接，对"同"与"异"所享有的益处和带来的碰撞最有发言权。因此，"同中有异"在趋同化管理的宏观层面、中观层面、微观层面都有体现。

七 趋同化管理的主要维度

目前，学界对趋同化管理的认识大多停留在概念上，对趋同化管理

---

① 《质量为先 实现来华留学内涵式发展——教育部国际司负责人就来华留学相关问题答记者问》，教育部官网，http://www.moe.gov.cn/jyb_xwfb/s271/201907/t20190719_391532.html。

没有划分出具体维度，高校在实施趋同化管理上大多从经验出发。笔者通过分析趋同化管理的概念和梳理高校实施趋同化管理的经验，对来华留学生趋同化管理进行了维度划分。

从趋同化管理的概念分析。趋同化管理指的是对来华留学生的教学、科研、生活等采用与中国学生趋于相同的管理，是比照教育本身的含义和国外对留学生教育所采用的方式而提出的一种留学生管理模式（高英学，1998）。由趋同化管理的概念可以看出，来华留学生的教学、科研、生活是采用与中国学生趋于相同管理模式的主要方面。在现实中，来华留学生在中国高校多数以学习为主，进行汉语学习和专业学习是来华留学生涉及较多的内容，因此趋同化管理与教学联系非常紧密。涉及科研方面的多数是攻读硕士、博士学位的来华留学生，攻读学士学位的留学生涉及科研较少，交换生和短期来华留学生基本不参与科研。据教育部统计，2018年接受学历教育的来华留学生总计258122人，占来华留学生总数的52.44%，其中硕士和博士研究生共计85062人；非接受学历教育的来华留学生有234063人。[①] 由此可见，在教学方面的趋同化管理涉及所有来华留学生，而科研方面的趋同化管理只涉及部分来华留学生。另外，来华留学生参与科研工作，多数在二级学院或某些独立的课题组进行，与高校其他部门交叉较少，参与科研的来华留学生多数在导师带领的科研团队中闭环式进行科研工作，与趋同化管理联系不紧密。在生活方面的趋同化管理涉及来华留学生的衣食住行，可以说与每一位来华留学生息息相关。因此，从趋同化管理的概念上分析，趋同化管理主要涉及教学和生活两个方面。已有学者尝试对趋同化教学管理进行界定，但学界尚未达成共识。趋同化生活管理是笔者首次提出，学界尚无确定概念。由此可见，要想使趋同化教学管理和趋同化生活管理概念清晰，需借鉴高校在实践中实施趋同化管理的经验。

从高校实践经验分析。通过对一些高校发布的来华留学生管理文件

[①] 《2018年来华留学统计》，教育部官网，http：//www.moe.gov.cn/jyb_xwfb/gzdt_gzdt/s5987/201904/t20190412_377692.html。

的梳理，我们可以看出一些高校已经在趋同化管理上确定了可操作指标。例如，复旦大学提出的"三个优化"。一是优化生源结构，提升规模层次；二是优化课程体系，提高教学质量；三是优化管理服务，营造良好环境。其中，第一个"优化"旨在建立良好的入学考试评估体系，第二个"优化"旨在建设优质课程体系，这两个方面显然属于教学管理。第三个"优化"涉及留学生的日常管理和公共服务，属于生活管理，但又兼有文化引领和思想教育的内容，如"倡导留学生与中国学生趋同化管理的理念……举办外国留学生国际文化节和留学生社团评选活动等多种措施，积极为留学生的生活学习提供多样化的服务，营造多元文化和谐相处的校园国际化环境"。[①] 由此可见，趋同化管理不仅涉及教学、生活两个方面，还涉及对来华留学生的文化引领和思想教育。

同济大学在来华留学生趋同化管理中提出的内容同样涉及了教学、生活、思想教育三个方面，如"突破教学瓶颈，推进课程与专业国际化建设"显然涉及趋同化教学管理的内容。同济大学在"深化管理改革，加强趋同化管理"中提出，"学校还搭建校园跨文化交流平台，营造浓郁的国际化校园文化氛围，促进中外学生在第二课堂活动中的交流、交融，加深了留学生对中国文化的了解"。[②] 这是对来华留学生的文化引领和思想教育的内容。北京教育主管部门提出，目前，留学生主要采取集中住宿、学习的模式。这种模式虽有利于管理，却不便于中外学生文化交流。[③]

综上所述，笔者尝试将趋同化管理细化为三个维度，分别为趋同化教学管理、趋同化生活管理、趋同化思想教育管理。趋同化教学管理指按照与中国学生趋于相同的学籍管理、培养计划和教学大纲对来华留学

---

① 《复旦大学"三个优化"不断提高留学生培养质量》，教育部官网，http：//www.moe.gov.cn/jyb_xwfb/s6192/s133/s164/201307/t20130708_153956.html。
② 《北京将试点中外学生趋同管理：推广同学习共生活模式》，教育部官网，http：//www.moe.gov.cn/jyb_xwfb/s5147/201201/t20120121_129706.html。
③ 《全国留学工作会议在京举行》，人民网，http：//politics.people.com.cn/n/2014/1213/c70731-26202700.html。

生进行教学的管理模式，趋同化体现在入学测评、课堂管理、成绩管理等各个教学环节。趋同化生活管理指为来华留学生提供与中国学生趋于相同的日常生活和公共服务，趋同化体现在住宿、餐饮、医疗、保险等环节。趋同化思想教育管理指对来华留学生的思想教育和文化引领，趋同化体现在指导来华留学生了解中国法律法规和中国国情，引导来华留学生遵纪守法、遵守校纪校规，同时尊重来华留学生的文化习俗、宗教信仰等。

以上三个维度体现了趋同化管理中的趋同，但不是等同，每个维度都应体现"同中有异"的原则。逢成华（2011）认为，"留学生与本国学生相比至少在三个方面有显著的差异：一是语言差异，二是文化差异，三是管理体制和制度的差异"。趋同化管理从本质上说是缩小管理体制和制度的差异。实施趋同化管理的高校多数采用"职能部门+二级学院"的两级管理模式，如复旦大学提出的"倡导留学生与中国学生趋同化管理的理念，逐步探索形成'两级管理、院系为主、部门分工'的工作模式"。① 然而，在管理制度趋同化的过程中，中外学生依然存在较大的语言差异和文化差异，特别是文化差异始终贯穿于趋同化管理的三个维度中。如图 1-1 所示。

由图 1-1 可以看到，各国来华留学生的文化差异渗透在趋同化管理的三个维度中。在趋同化教学管理方面，来华留学生和中国学生在相同的课堂中学习，对教学活动、教学方法、教师评价等方面的感受存在明显差异。例如，有些中国学生习以为常的事情，比如按时上课、期中考试、期末考试，一些来华留学生很不适应。一些留学生认为中国的学校考勤管理过于严格，学生是否按时上课是学生的自由，不应该统一要求。还有一些留学生认为中国学校考试太多，令他们压力很大，对学习产生畏难情绪。来华留学生对教学管理的不同评价反映了留学生文化价值观的差异。在趋同化生活管理方面，来华留学生在饮食习惯、住宿条

---

① 《复旦大学"三个优化"不断提高留学生培养质量》，教育部官网，http://www.moe.gov.cn/jyb_xwfb/s6192/s133/s164/201307/t20130708_153956.html。

```
                    ┌─────────────────────────┐
                    │    趋同化教学管理         │
                    │(入学测评、课堂管理、成绩管理等)│
                    └────────────┬────────────┘
                                 │
┌──────────────────┐   同        │         异   ┌──────────────┐
│"职能部门+二级学院"│──────→ 趋同化管理 ←──────│ 理解文化差异 │
└──────────────────┘             │              └──────────────┘
                    ┌────────────┴────────────┐
          ┌─────────┴─────────┐   ┌───────────┴──────────┐
          │   趋同化生活管理   │   │   趋同化思想教育管理  │
          │(住宿、餐饮、医疗、 │   │(法律法规、校规校纪教育,│
          │    保险等)         │   │ 尊重文化习俗、宗教信仰等)│
          └───────────────────┘   └───────────────────────┘
```

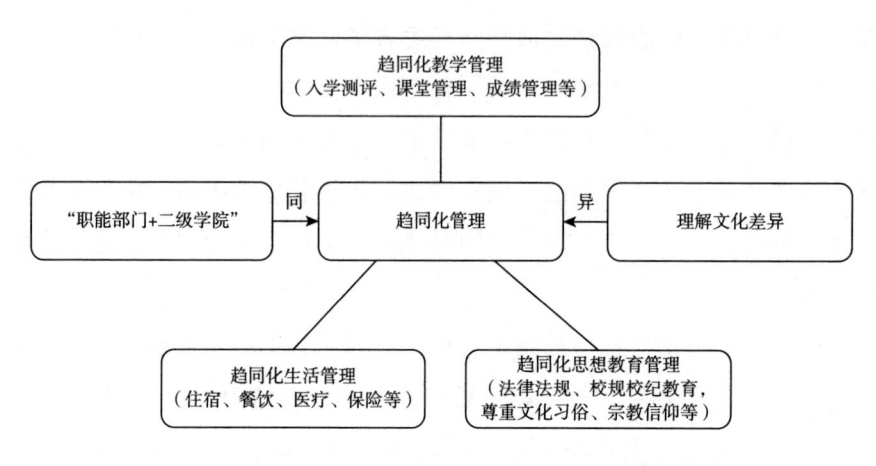

图 1-1　来华留学生趋同化管理的三个维度及其影响因素

件等方面也呈现比中国学生更加多样化的要求。例如，一些伊斯兰国家的来华留学生认为学校的清真食堂太少，而且不符合他们的口味；一些东南亚国家的来华留学生认为中国饭菜较油腻，在饮食上很不适应。由此可见，不同的文化背景会形成多样化的生活习惯，对趋同化生活管理提出较大挑战。在趋同化思想教育管理方面，多数来华留学生能够理解中国法律，遵守校规校纪，但由于思维方式的不同，中国学生和来华留学生之间交往不多、融合不多，中国学生组织的社团活动较少见到来华留学生的身影，而中国学生也较少参加来华留学生组织的活动。因此，在实施趋同化管理的过程中，必须正视这些文化差异，采取"同中有异"的原则。不同的文化背景造就了来华留学生不同的思维方式和生活习惯，而这些从根本上来说是文化价值观的差异。因此，本书将趋同化管理的三个维度作为研究重点，调查在趋同化管理模式下来华留学生的体验和感受，探究文化价值观差异是否对趋同化管理具有影响。

第二章
来华留学生的文化价值观特点

进入21世纪以来,中国经济发展受到世界瞩目,中国教育水平不断提升。随着中国融入全球化进程的加快,特别是中国提出"一带一路"倡议后,来华留学人员数量日益增加,中国政府越来越重视来华留学生在中国社会、经济、文化中所起的作用。在全国留学工作会议上,习近平总书记指出要统筹谋划出国留学与来华留学,首次提出来华留学与出国留学并重。李克强总理也提出留学事业是我国改革开放事业的重要组成部分。[①] 通过留学工作培养汇聚人才是国家重要的软实力建设。与此同时,中国政府在来华留学涉及的奖学金、签证等相关政策上进行了一定突破,大力开展共建"一带一路"国家的人才培养培训合作工作,实施"丝绸之路"留学推进计划,为各国专项培养行业领军人才和优秀技能人才。2016年和2017年,我国来华留学生数量均突破44万人。2018年,来华留学生数量达到49.2万人,已接近50万人。[②]

在趋同化管理的背景下,在来华留学生与中国学生之间、不同国家的来华留学生之间的交流中必然产生不同的碰撞。来华留学生来源国分布广、数量多,不同国家之间的文化差异较大,各国文化特征明显。例如,东南亚和中东欧国家是来华留学生的重要生源地,这两个区域中的

[①]《全国留学工作会议在京举行》,人民网,http://politics.people.com.cn/n/2014/1213/c70731-26202700.html。

[②]《教育部:2018年近50万名各类外国留学人员在我国高等院校学习》,"新华网"百家号,https://baijiahao.baidu.com/s?id=1630598204067455841&wfr=spider&for=pc。

很多国家与中国在教育方面的合作起步早，来华留学生人数较多。在文化上，东南亚国家与中国毗邻，自古以来与中国在政治、经济、文化等方面的联系紧密，与中国文化有相通之处。中东欧国家在历史上曾经是社会主义国家，虽然属于欧洲国家，但在文化上与中国有较多的交流与合作，在文化上既有共性也有差异。再如，非洲国家的来华留学生数量不多，但近年来增幅很大，是最具潜力的来华留学生源地区。该区域的国家大多经历了殖民，很多官方语言中还保留着西方国家的语言，在文化上既保持着本民族的特点，又有西方文化的影子。因此，来华留学生的趋同化管理中"异"因素主要体现在文化价值观的差异上，本章着重梳理文化价值观的相关理论，聚焦来华留学生的文化价值观差异，为研究文化价值观差异与趋同化管理的关系奠定基础。

一　文化与文化价值观的概念

许多学者对文化的定义进行过阐述，迄今为止文化的定义已多达上百种。克鲁伯（Kroeber）和克拉克洪（Kluckhohn）在专著（*Culture: A Critical Review of Concepts and Definitions*）中对文化的160多种定义进行了阐述和分类，其中一些文化定义今天仍然被人们引用。当今，受认可程度较高、经常被人们引用的文化定义有以下四种。

第一种关于文化的定义是英国人类学家泰勒（Tylor）在1871年提出的，这可能是最早的文化定义，也是公认的较全面的文化定义。他认为所谓文化和文明乃是包括知识、信仰、艺术、道德、法律、习俗以及包括作为社会成员的个人而获得的其他任何能力、习惯在内的一种综合体（Kroeber & Kluckhohn，1952）。这个定义未将文化与文明区分开来，强调文化和文明都有海纳百川、包罗万象的特点。

第二种关于文化的定义是克拉克洪（Kluckhohn）于1961年提出的，他认为所谓文化指的是历史上创造的所有的生活样式，包括显性的和隐性的，它们在某一时期作为人们行为的潜在指南而存在。这个定义侧重生活方式中的显性部分和隐性部分,强调文化对人们行为的指导作用。

第三种关于文化的定义是格尔茨(Geertz)于1973年提出的,他认为文化是历史传承下来的、体现在象征符号中的意义模式,一种在象征形式中表达的概念系统。通过这种系统人们交流、巩固和发展他们对世界的知识和态度。这个定义把文化看成一个意义的系统,强调文化与象征符号的关系。

第四种关于文化的定义是人类学家霍夫斯泰德(Hofstede)于2010年提出的,他认为文化是集体共有的心灵软件,这个软件使一个群体区别于另一个群体。这个定义强调文化是集体共有的,是生活在同一社会环境中的人们所共有的,并且强调文化不是先天的,而是后天习得的。

这些关于文化的定义从不同角度阐释了文化的内涵,各有千秋,由于本书借鉴霍夫斯泰德的文化维度理论研究来华留学生的文化价值观,因此采用霍夫斯泰德提出的文化定义。霍夫斯泰德不仅给出了文化的定义,还分析了文化的要素,在这些要素中就包含价值观。

和文化一样,学者们也对价值观的定义做出了多种多样的阐述。霍夫斯泰德将文化比喻成一个"洋葱",而价值观就是其中一个层次。霍夫斯泰德提出文化包含四个层次,即象征符号(symbols)、英雄人物(heroes)、礼仪(rituals)、价值观(values),如图2-1所示。

如图2-1所示,象征符号是文化的最外层,体现为服装、语言、建筑等具体可见的部分。英雄人物是文化的第二层,人们崇拜的英雄是其观念的体现,体现文化的价值。礼仪是文化的第三层,是每种文化对待人、对待自然的观念的表达方式。价值观是文化的第四层,是文化的最深层,是文化的核心。价值观是关于是非、好坏、美丑的标准。文化的这四个层次都可以通过习俗表现出来。

价值观是文化的核心要素,因此价值观的定义常常产生在文化领域内,主要有以下四种。

第一种是罗克奇(Rokeach)于1973年提出的价值观定义,他认为

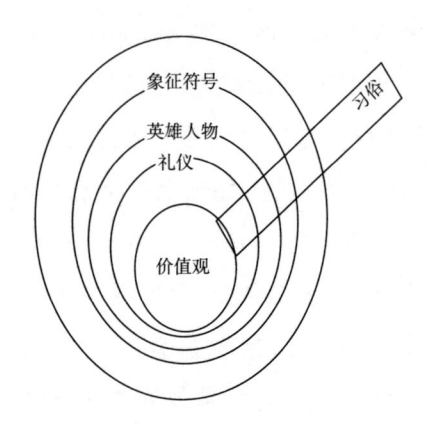

图 2-1 霍夫斯泰德比喻的文化"洋葱"

价值观是用以进行选择和解决冲突的规则。

第二种是阿尔伯特（Albert）于 1968 年提出的价值系统定义，他认为价值系统反映了什么是期望的、什么是必须做的和什么是禁止的。价值系统不是具体行为的报告，而是判断行为和约束行为的标准系统。

第三种是南达（Nanda）和沃姆斯（Warms）于 1998 年提出的，他认为价值观是关于什么是真善美的共享观念，价值观是文化模式的基础并指导人们应对自然和社会的环境。

第四种是霍夫斯泰德于 2001 年提出的，他认为价值观是喜欢某种事态而不喜欢另一种事态的大致倾向。

综合上述价值观的四种定义，结合本书涉及的文化维度理论框架，本书采用的价值观定义为，价值观是用来判断和指导人们行为的标准和规则，体现了人们喜欢某种事态而不喜欢另一种事态的大致倾向。价值观属于文化的深层次，而文化又包含价值观。霍尔（Hall）把文化比喻成"冰山"，价值观位于"冰山"的底层。霍夫斯泰德将文化比喻成"洋葱"，价值观位于"洋葱"的内核。这些比喻都表明了价值观在文化中的基础和核心地位，同时也说明这两个概念有着千丝万缕的联系，是密不可分的。

基于上述文化与价值观的密切联系,有学者将文化价值观的概念定义为一些国家或地区绝大多数人认同并长期传承的价值观(张利华,2015)。可以说,文化价值观是植根于国家或地区的物质文化和精神文化的土壤中的。本书着重探讨来华留学生的文化价值观特点,因此本书中文化价值观概念的界定是在人们认同并传承本国文化前提下,喜欢某种事态而不喜欢另一种事态的大致倾向,是用来判断和指导人们行为的标准和规则。这个概念具有两个特点:一是本国文化是价值观的基石,价值观孕育于文化中,文化是价值观的基础,各个国家的文化不同导致价值观不同,各国文化特点决定了价值观的特点;二是文化价值观是人们对外在行为的判断标准,人们对自身和他人行为的判断依据人们所持有的文化价值观,同样的行为在不同群体的文化价值观的判断中会得到不同的结论,具有较大差异性。

基于上述文化价值观的概念,可以说来自各个国家的留学生的文化价值观在很大程度上取决于各个国家的文化特点。理解各个国家整体文化特点对理解来自这些国家的留学生的文化价值观有很好的借鉴作用。

二 文化价值观理论

从 20 世纪中期开始,文化价值观理论研究在西方蓬勃发展。克莱德·克拉克洪(Kluckhohn,1952)指出价值观是一种显性或隐性的,有关什么是值得的意识与观点,是个体或群体的显著特征,影响着人们对于行为方式及其带来的事物最终状态的选择。在随后 10 年中,克拉克洪就文化价值观的理论框架进行了进一步研究,1961 年,他和斯托特贝克(F. L. Strodtbeck)共同提出五个普遍性价值取向维度,每个价值取向维度对应一个基本问题,例如人生来具有的本性是什么等,每个基本问题有三个可能的答案。克拉克洪首次用"维度"描述文化价值观的抽象理论,并通过具体的问题和对应的答案来测度人们在文化价值观上的取向和差异,为文化价值观理论的后续研究提供了具有可操作性的研究框架和研究范例。虽然克拉克洪的研究范式还比较笼统，实证研究例证也不充足，但是他用"维度"和"取向"来描述文化价值观的范式对后来的学者产生了深刻的影响，如霍夫斯泰德（Hofstede）和施瓦茨（Schwartz）都沿用了这种研究范式，并通过大规模的实证数据和统计分析，用"维度"和"取向"深化了文化价值观研究。

克拉克洪用"维度"来描述人们的总体普遍文化价值观，而未涉及对各国和地区人群文化价值观差异性的具体研究。在沿用"维度"研究范式的基础上，霍夫斯泰德（Hofstede）通过实证数据和统计分析，先后确立了六个文化价值观的维度取向，即权力距离、集体主义与个人主义、阳刚气质与阴柔气质、不确定性规避、长期取向与短期取向、自我放纵与自我约束。

（一）权力距离

"权力距离"一词来自穆尔德（Mulder）的理论，他将权力定义为"决定或引导其他人行为的潜力"。霍夫斯泰德将这一概念引入文化维度理论中，将权力距离定义为一个国家的社会组织中处于弱势地位的人群对权力分配不平等的接受程度。这些组织包括社会、学校、家庭和工作单位等。在权力距离小的国家中，上下级之间的依赖程度较低，上下级倾向于平等商讨后再做决定；在权力距离大的国家中，下级对上级的依赖程度高。具体表现为在权力距离小的国家中，人们不看重社会阶层的差异，社会普遍强调人人机会均等；而在权力距离大的国家中，人们对社会阶层的差异认同较高，人们的层级意识较强。

在权力距离大的国家中，家庭中通常有一种权威的秩序，如父母要求孩子服从自己，年龄小的孩子服从年龄大的孩子，本质上是对长者的尊重，这被认为是一种基本美德，而长者也应该对幼儿给予照顾和温暖。孩子到成年后，即使已经独立生活了，他们也依然保持着对父母和长者的尊重，甚至只要父母健在，父母对子女的权威就会一直发挥作用，这是一种在权力距离大的国家中普遍存在的子女对长者的依赖关系。而当父母已年老或无法独立生活时，子女应该在经济上和行为上奉养父母，甚至奉养祖父母。

在权力距离小的国家中，父母以更平等的方式对待孩子。父母教育孩子的目标是让孩子尽快掌控自己的生活，因此他们鼓励孩子进行探索，容许孩子与自己持不同意见，孩子也在很小的时候就学会了拒绝别人。孩子与他人的关系不是由年龄和地位确定的，对长者也没有表现出特别重视和依赖。孩子成年后，和父母的关系更像朋友，在做出重大决定之前，他们通常不必征询父母的意见。由于独立是成年人生活中的重要元素，所以父母年老时也不会依赖子女赡养。

（二）集体主义与个人主义

霍夫斯泰德将集体利益高于个人利益的社会定义为集体主义，将个人利益高于集体利益的社会定义为个人主义。集体主义与个人主义是这一维度的两种倾向。霍夫斯泰德（Hofstede，2001）认为个人主义的社会中个体之间关系松散，个体通常只照料自己的事务或只照料自己小家庭的事务。集体主义社会中的个体从出生就融入了一些强大而有凝聚力的团体中，个体一生中都通过对这些团体的绝对忠诚而受到这些团体的保护。

如同人类其他文化元素一样，人们最初是在家庭环境中认识到个体与集体的关系。在个人主义倾向的社会中，家长鼓励孩子说出自己的真实想法，即使真话有时会让别人觉得不舒服也要说真话，因为讲真话是美德，是诚实和真诚的表现。如果人们在思想观念上有矛盾、有碰撞，这种现象被认为是有益于揭示真相的，因此人与人的交流不是人云亦云，而是相互求证、去伪存真的过程。在家庭中处理矛盾也是正常生活中的一部分。在集体主义倾向的社会中，孩子在家中学会了听取别人的意见。由于集体预先确立了对事物的看法，因此个人的观点影响不大。如果对某个新出现的问题还没有形成集体的看法，就有必要召开家庭会议来形成看法。在集体主义倾向的家庭中，总是与集体决定唱反调的孩子可能被认为是性格不好或不合群，而在个人主义倾向的家庭中，孩子总是重复他人的观点而没有自己的观点可能被认为性格上有弱点。因此，对性格和行为的评价往往取决于周围的文化环境。

（三）阳刚气质与阴柔气质

性别角色非常分明的社会被称为具有阳刚气质的社会，即男性应该是自信、坚强，注重物质成功的，而女性应该是谦逊、温柔，注重社会生活品质的。性别角色相似的社会被称为具有阴柔气质的社会，即男性和女性都应该是谦逊、温柔，注重生活品质的。

家庭是人们社会化进程的第一个场所，家庭中父母不同的角色造就了孩子对性别角色的不同认识。在具有阳刚气质的家庭中，父亲和母亲往往角色分工明确，父亲负责赚钱养家，母亲承担家务和照料孩子。父亲坚强、理性，母亲温柔、感性，对男孩和女孩从小就有不同的行为标准。例如男孩应该自信、坚强，不能轻易哭泣，受到攻击要及时反击，而女孩要温柔，讨人喜欢，哭泣是正常的，不能和别人打架。在具有阴柔气质的家庭中，父亲和母亲承担相似的角色，都会外出工作，都会承担家务和照料孩子，在生活中比较平等，在孩子面前都既有权威的一面，又有温柔的一面。在这样的家庭中，男孩和女孩不会在意性别角色的差异，而是注重男女角色的平等。

（四）不确定性规避

不确定性规避是霍夫斯泰德（Hofstede，2001）提出的第四个文化维度，定义为一个文化中的成员感受到模糊或未知的情况对自己威胁的程度。在提出这个维度时，霍夫斯泰德用三个问题测量人们的反应。问题如下：1. 你是否经常感到工作上有压力？（答案包括从"经常"到"从不"的五级量表）2. 你是否同意即使为了公司的最佳利益，也不能打破公司规定？（答案包括从"非常同意"到"完全不同意"的五级量表）3. 你愿意为公司工作多久？（答案从"最多两年"到"直到退休"）

霍夫斯泰德认为这三个问题反映了在一个社会中人们面对不确定未

来表现出的焦虑程度和对未来可预测性的依赖程度。问题1反映了人们在工作上的焦虑程度,问题2反映了人们是否愿意打破规则,问题3反映了人们是否愿意面对更换工作带来的未知因素。霍夫斯泰德通过对这三个问题的答案进行分值计算,对来自75个国家和地区的11.2万余人的数据进行了整理,得分范围为1~100,得分越高表示不确定性规避越强,得分越低表示不确定性规避越弱。不确定性规避得分高意味着这些国家或地区具有较强的不确定性规避,在这种文化中的人们倾向于注重组织中的结构和关系,因为这样可以使事物具有可解释性和可预测性,并尽其所能减少不确定因素。不确定性规避得分低意味着这些国家或地区具有较弱的不确定性规避,在这种文化中的人们通常缺乏紧迫感,愿意接受一些风险,例如换工作或参与没有明确规则的活动。不确定性规避差异首先体现在家庭生活中。在不确定性规避较强的文化中,人们认为不确定性是对生活的一种威胁,要尽量避免,否则家庭生活会面临较大的压力。父母要求孩子学习严格的规则,例如对不同的人采用不同的语言模式、对不洁物品和禁忌有严格的规定等。如果孩子突破规则、表现出与众不同会让家长感到孩子处于危险中。在不确定性规避较弱的文化中,人们认为不确定性是生活中的正常现象,是生活中可以接受的一部分,家庭生活中规则较灵活,父母鼓励孩子经历新奇和未知的事物,父母和子女都用比较轻松的态度对待不确定的情况和不熟悉的风险。霍夫斯泰德(Hofstede,2001)将不确定性规避差异在社会习俗和家庭生活中的体现总结如表2-1所示。

表2-1 不确定性规避差异在社会习俗和家庭生活中的体现

不确定性规避弱的国家或地区	不确定性规避强的国家或地区
不确定性是生活中的正常现象,可以接受	不确定性是对生活的一种威胁,要尽量避免
低压力、低焦虑感	高压力、高焦虑感
不应该表达挑衅好斗的情绪	在适当场合和时间中表达挑衅好斗的情绪
轻松对待不确定的状况和不熟悉的风险	接受熟悉的风险,但惧怕不确定的状况和不熟悉的风险
对不洁物品和禁忌规定宽容	对不洁物品和禁忌规定严格

续表

不确定性规避弱的国家或地区	不确定性规避强的国家或地区
对不同的人采用相似的语言模式	对不同的人采用不同的语言模式
与众不同令人觉得好奇	与众不同令人觉得危险
自我意识弱	自我意识强

（五）长期取向与短期取向

霍夫斯泰德提出长期取向与短期取向这个维度最初是受到香港中文大学教授迈克尔·哈瑞斯·邦德（Michael Harris Bond）的研究启发。邦德和他的同事开发了中国人价值观调查量表（Chinese Value Survey），于1985年在来自23个国家的学生中进行问卷调查，并通过数据分析总结出四个文化维度，其中三个与霍夫斯泰德的文化维度理论有显著相关性，另外一个维度与霍夫斯泰德的文化维度理论毫无相关性。这一发现令霍夫斯泰德非常兴奋，并认为此项维度与各国的经济增长有一定的相关性。这一维度主要包含的文化价值观取向有两个方面，一方面表现为坚持不懈、节俭、按照地位和秩序确立关系、有羞耻感，另一方面表现为相互帮助、尊重传统、注重面子、注重个人的稳定。霍夫斯泰德发现文化维度理论没有包含这些内容是因为他的问卷量表中没有涉及这些问题，西方学者在设计问卷时普遍没有认识到这些问题与文化价值观的关联性。邦德的中国人价值观调查量表和霍夫斯泰德的文化维度量表的差异揭示了东西方调查研究视角的一项重要差异，即中国人价值观调查量表没有测量不确定性规避维度，而文化维度量表没有测量长期取向与短期取向维度。由于文化维度理论是对各个国家的文化价值观进行测量，霍夫斯泰德认为有必要将东方视角加入理论中。这个新的维度中的坚持不懈和节俭反映了以未来为导向的文化特征，而注重个人的稳定和尊重传统反映了以现在和过去为导向的文化特征。因此，1991年，霍夫斯泰德在他的著作中提出了第五个维度，即长期取向与短期取向（long-term versus short-term）。

霍夫斯泰德（Hofstede，2010）将这一维度定义为，具有长期取向是指某一文化中的成员形成以未来为导向的一些品质，例如坚持不懈和节俭；而具有短期取向是指某一文化中的成员形成以现在和过去为导向的品质，如尊重传统、注重面子、实现社会责任。

第五维度面临的问题是只有来自 23 个国家的数据，远远少于霍夫斯泰德提出前四个维度的国家和地区数据。2005 年，霍夫斯泰德运用第五维度——长期取向与短期取向进行了 16 个国家的调查分析，但是这些数据仍然不足以充分证明第五维度的合理性。后来，保加利亚语言学家米索·闵克夫（Misho Minkov）联系霍夫斯泰德，告知他在对世界价值观调查（World Values Survey）的数据分析中发现了新的维度。2009 年，闵克夫发表了他对世界价值观调查的数据分析结果，形成了三个维度，分别为"排他性与普遍性"（exclusionism versus universalism）、"放纵与约束"（indulgence versus restraint）、"极端主义与灵活主义"（monumentalism versus flexhumility），其中"排他性与普遍性"和"个人主义与集体主义"维度高度相关，"极端主义与灵活主义"和"长期取向与短期取向"维度高度相关，"放纵与约束"被霍夫斯泰德吸收为文化维度理论中的第六个维度。

闵克夫的研究成果使霍夫斯泰德有机会将第五维度的数据扩大了四倍，并在某些方面对第五维度进行了修正。闵克夫受到加拿大心理学家斯蒂文·海茵（Steve Heine）的启发，海茵认为人们的自我认可和自我一致性是有联系的。个体的自我认可指的是寻找关于自我积极信息的倾向，自我一致性指个体倾向于认为自己应该有不变的信仰、价值观和行为，这些不因环境的改变而改变。虽然海茵的理论是指个体，但是闵克夫猜测这个理论可以应用到国家文化层面，而通过分析世界价值观调查的数据，他证明了自己的判断。世界价值观调查的数据分析表明骄傲（属于自我认可的感觉）与虔诚（属于保持不变的价值观和信仰）这两种态度在国家层面上确实相关。有较高比例的人为自己的国家而骄傲，或表明自己的人生目标是让自己的父母为自己骄傲。在这样的国家中有较高比例的人有虔诚的信仰。骄傲与虔诚形成了一个具有两种倾向的文化维度，一种倾向是人们像骄傲和稳定的碑石一样生活，另一种倾向是人们适应变化的环境，表现出谦逊和灵活。霍夫斯泰德的第五个维度虽然出自不同的理论角度，源于不同的数据分析，但是长期取向与短期取向维度融合了东西方的思维方式，能够更好地对各国文化价值观进行测量。世界价值观调查问卷中的三个题项较好地满足了这个维度的需要，即"节俭是孩子适度的品质特征""对自己国家的骄傲程度""对他人提供帮助或服务的重要性"。此三个题项已纳入霍夫斯泰德的文化维度量表中。在长期取向国家中，人们的家庭生活注重实际、注重情感、注重教育孩子学会节俭，在追求目标中要坚持不懈，保持谦虚的态度，并理解有些欲望不能立即被满足。在短期取向国家中，家庭中往往遵循这样的行为标准，如尊重传统、注重面子、爱赶时髦，希望欲望都能立刻得到满足，注重人情往来。

（六）自我放纵与自我约束

霍夫斯泰德和闵克夫（Minkov，2009）为文化维度理论增加了新的维度，提出了第六个文化维度自我放纵与自我约束，这一维度是指某一社会对人基本需求与享受生活欲望的允许程度。自我放纵指的是倾向于满足享受生活等人类基本欲望，而自我约束指的是由于严格的社会制度，人们倾向于抑制对享受生活欲望的满足。这一维度是霍夫斯泰德受到世界价值观调查数据的启发，总结了数据中人们对幸福感、生活的控制、休闲时间重要性三个方面的看法形成的，并根据世界价值观调查数据计算出了93个国家和地区在这一维度上的分值。在这一维度分数较高国家中，人们倾向于享受生活、享受消费，喜爱参与休闲娱乐活动，而分数较低国家中，人们倾向于受到各种社会规则的限制，享受消费和大量参与休闲活动被认为在某种程度上是错误的，如表2-2所示。

表 2-2 自我放纵与自我约束国家的主要文化差异

自我放纵倾向	自我约束倾向
高比例的幸福人群	低比例的幸福人群
控制自我生活的观念	依赖他人帮助的观念
非常重视休闲	不重视休闲
非常重视朋友	不重视朋友
节俭不重要	节俭重要
松散的社会	结构严密的社会
更可能记住积极的情感	不太可能记住积极的情感
感到自我健康的人群比例高	感到自我健康的人群比例低
伦理规则少	重视伦理规则

上述是霍夫斯泰德的研究成果，即文化维度理论及六维度模型。此项成果受到了西方学界的广泛关注，许多学者在不同国家的群体中运用他的理论，并延伸、丰富他的研究成果。本书将以趋同化管理为导的，以文化维度理论为理论支点，选取东南亚、中东、中东欧、非洲等共建"一带一路"国家的来华留学生为研究对象，探索来华留学生的文化价值观差异，聚焦文化价值观差异对趋同化管理的影响。

三 文化价值观差异——趋同化管理的"异"因素

中国高校在实施趋同化管理的过程中遇到较多现实问题，其中较为突出的问题是来华留学生文化差异较大，增加了趋同化管理的难度。来华留学生文化差异大是长期存在的现实问题，消除文化差异不是一朝一夕可以做到的。笔者开展来华留学生文化价值观差异研究，就是要找出文化价值观差异对趋同化管理的影响因素。笔者借鉴文化维度理论，调研来华留学生在趋同化管理下的感受，通过分析文化价值观差异的外在表现，确立文化价值观差异与趋同化管理之间的联系，如抽丝剥茧一般，挖掘来华留学生在趋同化管理下的文化价值观差异的核心因素，及这些因素对趋同化管理的影响。

文化维度理论是否适合研究来华留学生的文化价值观呢？霍夫斯泰德认为文化是一种集体现象，由一些生活在同样社会环境中的人所共同习得、共同拥有。文化是将一个群体与另一个群体区分开来的集体思维模式。文化是习得的，而不是遗传的，它来自人们的社会环境而不是基因。文化既不同于人类普遍拥有的人性，也不同于个体拥有的性格，文化与人性、性格之间有明显的界限。人性是人类普遍拥有的，由遗传基因获得，代表人类普遍具有的思维模式。性格是个体拥有的，是不与任何人分享的思维特质。性格一部分由遗传基因获得，一部分是习得的。习得部分上受到集体思维模式（文化）的影响，部分上受到个人独特经历的影响。人类思维模式的三个层次如图2-2所示。

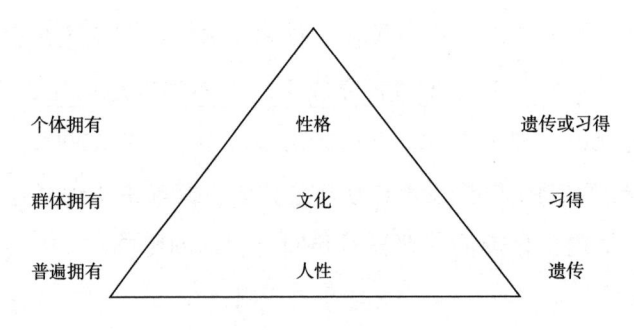

图 2-2 人类思维模式的三个层次

由图2-2可以看出，文化由一个群体拥有，是在一定的社会环境中习得的，因此对文化价值观的研究适用于某个群体，而不适用于个体。霍夫斯泰德通过六个文化维度对各个国家和地区的文化价值观进行研究就是将研究限定在不同的文化群体中，对部分共建"一带一路"国家的来华留学生的文化价值观研究，同样属于图2-2中的第二个层次，即群体拥有的、通过习得获得的各国来华留学生的文化特点，从这个方面来说霍夫斯泰德的文化维度理论适用于研究来华留学生的文化价值观。

本书聚焦于来华留学生的文化价值观差异，以此作为研究趋同化管理的起点。笔者发现西方从20世纪70年代开始对各国文化价值观的研究风起云涌，特别是对年青一代文化价值观的关注日益增强。这是在全球流动性加强的背景下，西方为应对越来越多的人口流动产生的文化碰撞、文化适应而寻找的学术对策。笔者通过梳理大量中外文献，希望找到适合研究来华留学生文化价值观的理论框架和研究工具，在这个过程中有三点体会：首先，国内对来华留学生的文化价值观关注度不高，对此问题开展的研究数量和质量有限，没有形成丰富的研究成果；其次，对来华留学生的文化价值观的研究多基于高校管理人员的实际工作经验，缺乏适当理论支撑，使研究陷于"头痛医头，脚痛医脚"的境地，研究成果缺乏普遍适用性；最后，来华留学生文化价值观的研究工具匮乏，目前没有形成学界普遍认同的研究范式，对于如何测量来华留学生文化价值观没有开发相应的量表，对国外的研究成果缺乏有效借鉴。这三点制约了对来华留学生文化价值观的研究。笔者尝试突破以上几个方面的既有限制，将来华留学生文化价值观差异作为趋同化管理"同中有异"原则中重要的"异"因素，挖掘现有西方文化价值观研究的理论成果，结合对来华留学生实际情况的质性研究，编制趋同化管理下来华留学生文化价值观问卷量表，探究来华留学生文化价值观差异，将文化价值观研究与趋同化管理研究相结合，提升趋同化管理研究的延展性，具有一定的理论意义。

四 部分共建"一带一路"国家来华留学生的文化价值观特点

近几年，共建"一带一路"国家来华留学生增幅较大，共建"一带一路"国家已经成为来华留学生的主要生源国。2013年9月，习近平首次提出共同建设"丝绸之路经济带"的倡议。[1] 2013年11月

---

[1] 《〈习近平谈"一带一路"〉主要篇目介绍》，中国政府网，https：//www.gov.cn/xinwen/2018-12/11/content_5347824.htm。

9~12日，党的十八届三中全会提出："推进丝绸之路经济带、海上丝绸之路建设，形成全方位开放新格局。"① 2014年习近平在APEC会议、亚信峰会、G20峰会等重要国际场合进一步阐述了"一带一路"重要思想和观点。2015年3月我国政府发布了《推进共建丝绸之路经济带和21世纪海上丝绸之路的愿景与行动》（以下简称《愿景与行动》）。②《愿景与行动》勾勒出"一带一路"的走向及共建地区和国家。"丝绸之路经济带"共同打造新亚欧大陆桥、中蒙俄、中国-中亚-西亚、中国-中南半岛等国际经济合作走廊。"21世纪海上丝绸之路"从中国沿海港口过南海到印度洋，延伸至欧洲；从中国沿海港口过南海到南太平洋；中亚、俄罗斯、南亚和东南亚国家是优先方向，中东和东非国家是交会之地，欧洲和非洲部分国家从长远看也可融入合作。为落实《愿景与行动》，我国教育部于2016年7月13日发布的《推进共建"一带一路"教育行动》提出，共建"一带一路"国家教育加强合作、共同行动，既是共建"一带一路"的重要组成部分，又为共建"一带一路"提供人才支撑。中国愿与共建"一带一路"国家一道，扩大人文交流，加强人才培养，共同开创教育美好明天。实施"丝绸之路"留学推进计划，全面提升来华留学人才培养质量，把中国打造成深受共建"一带一路"国家学子欢迎的留学目的国。③ 以2018年为例，在来华留学生排名前15位的生源国家中，除了韩国、美国、日本、法国4个国家，其他国家均为共建"一带一路"国家。

近年来，越来越多的国家加入了"一带一路"倡议，不只局限于"丝绸之路经济带"上的13个国家以及"21世纪海上丝绸之路"上的52个国家。截止到2018年，中国已累计与88个国家和国际组织签署了

---

① 《三中全会〈决定〉：推进丝绸之路经济带、海上丝绸之路建设》，人民网，http://politics.people.com.cn/n/2013/1115/c1001-23559215.html。
② 《推进共建丝绸之路经济带和21世纪海上丝绸之路的愿景与行动》，国家发展改革委官网，http://www.ndrc.gov.cn/xwdt/xwfb/201503/t20150328_956036.html。
③ 《范文仲："一带一路"成为新时代国际公共产品》，中国一带一路网，https://www.yidaiyilu.gov.cn/p/81294.html。

103份"一带一路"合作文件。①随着中国与各个国家和地区不断推进合作,加入"一带一路"倡议的国家将继续增加。目前,不仅参与"一带一路"建设的国家遍及亚欧大陆,而且与中国合作的"一带一路"国家已经延伸到非洲大陆。共建"一带一路"国家数量多、分布广,这些国家必然呈现民族结构复杂和文化多样性的特点。文化的多样性既为各国人民进行人文交流增加了动力,也带来了一定交流障碍,因此只有了解共建"一带一路"国家的文化特点才能破除人文交流障碍。来华留学生有的来自亚洲国家,有的来自欧洲和非洲国家,这些国家的留学生涉及地域广、民族多,文化背景差异大,要做到对他们的趋同化管理首先要正视他们在文化价值观方面存在的差异。笔者以部分共建"一带一路"国家的来华留学生为研究对象,了解这些区域的文化特点,为研究这些区域的来华留学生的文化价值观奠定基础。

共建"一带一路"国家众多,地域广泛,文化差异较大,仅按照区域划分就要分为东南亚、中东、中东欧国家等,来自不同区域的留学生文化背景差异较大、价值观各异,以共建"一带一路"国家来华留学生为研究对象应注意区域和国别差异。例如,东南亚国家的人大多有耐心,能屈能伸,常常形容自己像竹子一样生命力顽强。中东国家的人很尊崇友谊,看重忠诚和公正性。中东欧国家的人普遍具有民族浪漫主义的特征,生性自由洒脱。非洲人注重艺术与生活的结合,在音乐、服饰、饮食等方面都富有文化和艺术的气息。即使在同一区域,不同国家的风俗习惯、历史传承也使来自这个国家的留学生有其独特的文化价值观,针对不同国别对共建"一带一路"国家来华留学生开展研究,关注每个共建"一带一路"国家来华留学生的特点,能够为提升共建"一带一路"国家来华留学生教育质量提出建议。

在中国每年为共建"一带一路"国家提供1万个政府奖学金名额,积极鼓励国外学生来华参与学习和交流活动的宏观政策下,共建"一

---

① 《教育部关于印发〈推进共建"一带一路"教育行动〉的通知》,教育部官网,http://www.moe.gov.cn/srcsite/A20/s7068/201608/t20160811_274679.html。

带一路"国家来华留学生是否真正提高了对中国文化的感知,是否在中国文化中学有所获,达到了人才培养效果,这些是国内学者日益关注的问题。随着"一带一路"教育行动的深入人心,国内学者对共建"一带一路"国家来华留学生的关注度有所提高,从目前国内学者开展的共建"一带一路"国家来华留学生的相关研究上看,多数研究基于共建"一带一路"国家来华留学生教育的宏观政策,聚焦于共建"一带一路"国家来华留学生教育存在的问题和应对策略,研究视角多集中于高校对共建"一带一路"国家来华留学生的培养模式、培养质量、管理模式等方面。这些研究固然对发展来华留学生教育、提升教育质量有所助益,但是外部教育政策必须契合受教育者内在的需求才能发挥作用,因此对共建"一带一路"国家来华留学生本身的关注和研究尤为重要。来华留学人员的内在文化观念决定了其对外部政策的感受和接受程度,是他们适应来华学习生活的重要因素,因此对共建"一带一路"国家来华留学生文化价值观开展研究具有实践意义。

  本章围绕文化、文化价值观、文化维度理论、共建"一带一路"国家文化等方面进行了综述。来华留学生文化价值观差异是趋同化管理中重要的"异"因素,理解文化、文化价值观的相关概念和文化维度理论是研究来华留学生文化价值观的重要基石。随着共建"一带一路"国家来华留学生数量的增多,理解这些国家的文化多样性,有利于研究来华留学生的文化差异。在实施趋同化管理过程中,国内高校既努力尝试,又面临现实困境,部分高校趋同化管理的经验和面临的问题表明,趋同化管理不是"一同了之",来华留学生文化价值观差异是趋同化管理中重要的"异"因素。

第三章
趋同化教学管理

目前，学界对趋同化管理的认识大多停留在概念上，没有划分出具体维度，高校在实施趋同化管理上多从经验出发。笔者通过分析对来华留学生趋同化管理进行了维度划分，尝试将趋同化管理由概念细化为三个维度，分别为趋同化教学管理、趋同化生活管理、趋同化思想教育管理。本书以这三个维度为研究重点，调查在趋同化管理的三个维度下来华留学生的体验和感受，探究来华留学生的文化价值观差异是否对趋同化管理产生影响。在本章中，笔者将聚焦趋同化教学管理，梳理我国教育主管部门关于来华留学生教学管理的相关文件，确定趋同化教学管理包含的重要元素，探究来华留学生在趋同化教学管理下不同的感受和体验。

一 教学管理的概念

教学管理是学校的核心工作之一。教学管理涉及学校教学的方方面面，内容繁多且复杂，而小学、中学、高校的教学管理又有各自的特点，因此教学管理概念的界定是研究的起点。目前，国内学界对教学管理概念较为认同的是出自《教育大辞典》的"教学管理是按照教学规律和特点，对教学工作进行的计划、组织、控制、监督的过程"（顾明远，1998）。这个概念将教学管理分为"如何做"和"做什么"两个方面。首先，教学管理要遵从教学规律和教学特点，这是教学管理"如何做"。教学管理是为了保障教学、助力教学，违背教学规律的教学管理是无意义的，教学规律和教学特点是教学管理的基础。其次，教学管理"做什么"，从教学开始之前的计划和组织，到教学过程中的控制和监督，教学管理贯穿了教学的全过程。此教学管理的概念高度概括了教学管理"如何做"和"做什么"，并列出了教学管理的工作内容。《教育大辞典》将教学管理的工作内容分为六项，包括：第一，按照国家规定的教学计划和教学大纲，制订和实施学校的教学工作计划；第二，建立和健全教学管理系统；第三，加强教师教学质量和学生学习质量管理；第四，深入教学一线，检查教学质量，研究教学管理规律，解决影响提高教学质量的各种问题；第五，拟定多层次、多类型的教学质量评估指标；第六，进行教务行政管理工作（顾明远，1998）。上述内容涵盖了计划和组织学校的各类教学工作，突出了教学管理对教学质量的控制和监督作用，将教学管理从概念延伸到范畴，是对教学管理工作的高度概括和提炼。由于高校的教学管理和中小学的教学管理有着显著的区别，因此《教育大辞典》还明确了高校的教学管理目标。"教学管理目标是教学管理工作期望达到的成就或结果。如高等学校本科教学管理的目标是在教学过程中，通过一系列的管理活动，培养能掌握本专业的基础理论、专业知识和基本技能，具有从事科研或专门技术业务工作初步能力的专门人才。"（顾明远，1998）在高校教学管理目标中，教学管理的成果直接体现在高校人才培养目标的实现上，培养具有专业知识和技能的人才是高校教学管理工作的直接目标。高校对来华留学生的教学管理的成果同样体现在人才培养目标的实现上。2018年我国教育部颁布的《来华留学生高等教育质量规范（试行）》提出，来华留学生的培养目标包括学科专业水平、对中国的认识和理解、语言能力、跨文化和全球胜任力四个方面。在学科专业水平上，对来华留学生的要求与所在学校和专业的中国学生一致。在对中国的认识和理解上，要求来华留学生熟悉中国国情和文化基本知识。在语言能力上，对来华留学生攻读本科、研究生需要达到的汉语能力等级进行了详细规定。在跨文化和全球胜任力上，要求来华留学生具备适应文化多样性的意识、知识、态度和技能等。在这四个方面中，除了在学科专业水平上对中外学生要求一致之外，其他三个方面是为来华留学生单独制定的培养目标。在教学管理目标上，来华留学生与中国学生既有趋同性，又有差异性，而差异性主要表现在对来华留学生提出了语言、文化方面的要求。因此，本章围绕来华留学生的教学管理，对改革开放以来我国颁布的有关来华留学生教育教学的重要文件进行梳理，以便厘清来华留学生教学管理的相关脉络。

二 来华留学生的教学管理

我国政府自接收第一批来华留学生以来，便对来华留学生管理给予了高度重视，制定了一系列来华留学生管理办法，从来华留学生教育起步时期制定的《外国留学生工作试行条例（草案）》（1962年）到来华留学生迅速发展时期出台的《高等学校接受外国留学生管理规定》（2000年），不同时期的来华留学生管理办法体现了不同时期来华留学生管理的特点。改革开放后，我国政府结合新时期来华留学生教育教学的特点，颁布了来华留学生管理的相关制度和规定，其中较有代表性的文件是《外国留学生工作试行条例（修订稿）》（1979年）、《外国留学生管理办法》（1985年）、《高等学校接受外国留学生管理规定》（2000年）、《学校招收和培养国际学生管理办法》（2017年）、《来华留学生高等教育质量规范（试行）》（2018年）。上述文件中对教学管理都有明确规定，体现了各时期来华留学生教学管理的共性和差异。例如1979年和1985年出台的文件中明确提出"做好教学工作是培养留学生的中心环节"，并将"教学工作"作为文件中的第三章，对涉及的教学管理工作进行了详细的规定（见表3-1）。

表 3-1　来华留学生管理文件中涉及教学管理的有关规定分类（1）

《外国留学生工作试行条例（修订稿）》	《外国留学生管理办法》	内容分类
留学生应按照我国的学制和教学计划或双方商定的学习计划进行学习	根据我国的教育制度和教学计划，结合留学生实际情况，安排好教学	教学安排
留学生的汉语水平必须达到规定的标准，才能进入专业学习	不能用汉语进行学习的留学生，来华后需学习一年基础汉语，经考试汉语水平达到规定标准后，方可进入专业学习	汉语水平要求
学校应根据考勤、考绩制度对留学生进行考核	对留学生的成绩考核、升级与留级、休学与退学的管理，原则上应与中国学生相同	考勤考绩
学习基础汉语期间开设中国概况讲座，留学生自愿参加	中国概况课或专题讲座，留学生自愿参加	课程安排
建立留学生的学位制度，颁发学位证书	依据《中华人民共和国学位条例》，可以授予留学生本科生和研究生的相应学位	毕业
凡提供给本专业中国学生的教科书、讲义、参考资料等，原则上应向留学生提供	凡提供给本专业中国学生的教科书、讲义、参考资料等，原则上应向留学生提供。留学生可向图书馆按规定借阅图书等资料	学习资料规定

通过对表 3-1 中两个文件进行对比，并对其主要内容进行分类，可以将来华留学生的教学管理工作分为教学安排、汉语水平要求、考勤考绩、课程安排、毕业、学习资料规定六个方面，这是改革开放初期对来华留学生教学管理的基本框架。这个时期高校虽然对来华留学生有一定的特殊对待和特殊照顾，但在教学管理上已经有趋同化的趋势，例如在来华留学生的成绩考核、休学、退学等学籍管理方面明确提出"原则上应与中国学生相同"。随着来华留学生教育的快速发展，来华留学生的管理日趋完善，2000 年颁布的《高等学校接受外国留学生管理规定》和 2017 年颁布的《学校招收和培养国际学生管理办法》将以往文件中的"教学工作"细化为"教学管理"，《高等学校接受外国留学生管理规定》（2000 年）第五章"教学管理"包括七条，《学校招收和培养国际学生管理办法》（2017 年）第三章"教学管理"包括七条，对来华留学生的教学管理工作进行了详细规定（见表 3-2）。

表 3-2　来华留学生管理文件中涉及教学管理的有关规定分类（2）

《高等学校接受外国留学生管理规定》	《学校招收和培养国际学生管理办法》	内容分类
高等学校应当根据学校统一的教学计划安排外国留学生的学习，并结合外国留学生的心理和文化特点开展教育教学活动	高等学校应当将国际学生教学计划纳入学校总体教学计划，选派适合国际学生教学的师资，建立健全教育教学质量保障制度	教学计划
汉语和中国概况作为接受学历教育的外国留学生的必修课；政治理论作为学习哲学、政治学和经济学类专业的外国留学生的必修课，其他专业的留学生可申请免修	汉语和中国概况应当作为高等学历教育的必修课；政治理论应当作为学习哲学、政治学专业的国际学生的必修课	课程安排
汉语为高等学校培养外国留学生的基本教学语言。对汉语水平达不到专业学习要求的外国留学生，学校应提供必要的汉语补习条件	中华人民共和国通用语言文字是高等学校培养国际学生的基本教学语言。对国家通用语言文字水平达不到学习要求的国际学生，学校可提供必要的补习条件	教学语言（汉语）
高等学校可根据条件为外国留学生开设使用英语等其他外国语言进行教学的专业课程。使用外语接受学历教育的外国留学生，毕业论文摘要应用汉语撰写	具备条件的高等学校，可为国际学生开设使用外国语言进行教学的专业课程。使用外国语言接受高等学历教育的国际学生，学位论文可使用相应的外国文字撰写；学位论文答辩是否使用外国语言，由学校确定	教学语言（外语）
高等学校组织外国留学生进行教学实习和社会实践，应按教学计划与在校中国学生一起进行；选择实习、实践地点时，应遵守有关涉外规定	高等学校按照教学计划组织国际学生参加教学实习和社会实践，选择实习、实践地点应当遵守国家有关规定	实习、实践
学校根据有关规定为外国留学生颁发毕业证书（结业证书、肄业证书）或写实性学业证明，为获得学位的外国留学生颁发学位证书	高等学校根据有关规定为国际学生颁发学历证书或其他学业证书。对接受高等学历教育的国际学生，高校应为其办理学籍和毕业证书电子注册	毕业

与改革开放初期来华留学生的管理文件相比，表 3-2 中两个文件中的教学管理增加了新内容，可以分为教学计划，课程安排，教学语言，实习、实践，毕业五个方面。与之前的文件相比，2000 年之后的文件具有如下特点。一是在教学语言方面，明确了除了汉语作为教学语言，有条件的高校可以将英语等外国语言作为教学语言，体现了这一时期高校逐渐具备开展多语种教学的能力，也体现了高校课程更加多元化、国际化。二是在课程安排方面，对中国概况等课程的具体规定，体

现了高校依然将中国文化作为来华留学生学习的重点之一，以提升来华留学生对中国文化和中国国情的认识。三是增加了组织来华留学生参加实习、实践的相关规定，说明来华留学生的学习不只限于校园，而是扩展到社会，为来华留学生的就业奠定了基础。

2018年教育部颁布的《来华留学生高等教育质量规范（试行）》（以下简称《规范》），是迄今为止我国教育主管部门对来华留学生教育教学方面最全面、最详细的规定。《规范》包括四个部分，第一部分是人才培养目标，第二部分是招生、录取和预科，第三部分是教育教学，第四部分是管理和服务支持。第三部分教育教学包括八个方面的内容，包括专业设置和学位授予、学校层次的人才培养目标、培养方案、师资队伍、教学设施和资源、学生指导和课外教育、教学管理、质量保障。和以往的文件相比，《规范》既有延续性，又有创新性，其中增加了新的内容，是新时代来华留学生教育教学的指南。《规范》关于教学管理的内容包括学籍学历管理、考勤制度、考试考核、学生参与教学评价、转学管理、课程修习类非学历教育的教学管理。[①] 本书按照上述教学管理的六个方面，节选了《规范》中关于教学管理内容的相关表述，指出《规范》中关于来华留学生教学管理趋同化程度的提高，展现了我国教育主管部门在来华留学生教学管理趋同化方面的政策导向和明确规定（见表3-3）。

表3-3 《来华留学生高等教育质量规范（试行）》中涉及教学管理的有关规定

规定内容分类	规定内容节选
学籍学历管理	高等学校应当依照国家有关规定完善学籍管理制度，规范来华留学生的学籍管理，落实来华留学生的学籍学历电子注册制度，规定来华留学生转专业的条件和程序
考勤制度	高等学校应当严格执行来华留学生的考勤制度，明确出勤合格标准，并按照当地教育行政主管部门以及移民和出入境管理部门的要求按时报告考勤不达标学生的信息

[①] 《教育部关于印发〈来华留学生高等教育质量规范（试行）〉的通知》，教育部官网，http://www.moe.gov.cn/srcsite/A20/moe_850/201810/t20181012_351302.html。

续表

规定内容分类	规定内容节选
考试考核	高等学校应当明确规定来华留学生课程考试考核方式，在同一课程中应当对中外学生采用相同的考试考核方式
学生参与教学评价	高等学校应当鼓励和支持来华留学生参与教学评价活动，积极征求来华留学生对教学工作的意见和建议
转学管理	来华留学生转学由本人提出申请，经所在学校和拟转入学校同意后办理。来华留学生符合转出条件的，所在学校应当如实全面地向拟转入学校提供来华留学生的学业成绩和品行表现等情况。拟转入学校应当按照不低于本校来华留学生入学标准、符合本校培养要求且学校有培养能力为原则审核来华留学生转入申请
课程修习类非学历教育的教学管理	学校通过校际合作、学生交换、访问学习等方式接受来华留学生修习专业课程的，应当按照本规范要求实施考勤和考试考核等教学管理，如实提供课程成绩单、学习证明、学分学时说明等记录文件

通过表3-3文件的表述，我们可以看出在教学管理方面，中外学生趋同化程度日渐提高，例如在考试考核上，明确规定"在同一课程中应当对中外学生采用相同的考试考核方式"，体现了高校对中外学生一视同仁、平等对待。再如，在考勤制度上，规定"高等学校应当严格执行来华留学生的考勤制度，明确出勤合格标准"，说明高校对来华留学生的教学管理严格程度无异于中国学生，可以看出来华留学生的教学管理已纳入高校整体教学管理体系中，是高校整体教学管理框架中的一部分，趋同于对中国学生的教学管理模式。虽然文件中要求高校对来华留学生采用趋同化管理，但不是等同化管理，高校要考虑到来华留学生与中国学生的差异，针对来华留学生的实际情况，采用差别化教学管理，这主要体现在教学语言、师资配备、学位论文三个方面。例如，《学校招收和培养国际学生管理办法》规定汉语是高校基本教学语言，但是考虑到部分来华留学生的汉语水平有限，无法达到学习要求，高校可以为来华留学生进行必要补习，同时允许高校开设一些采用外国语言作为教学语言的专业课程。[①] 来华留学生可以采用汉语，也可以采用外

[①] 《学校招收和培养国际学生管理办法》，教育部官网，http://www.moe.gov.cn/srcsite/A02/s5911/moe_621/201705/t20170516_304735.html。

国语言撰写论文和进行论文答辩。通过上述分析，我们可以看出，我国对来华留学生的管理既有趋同性，又有差异性。趋同性主要体现在来华留学生的教学管理被纳入高校教学管理体系中，是高校整体教学管理框架中的一部分，趋同于对中国学生的教学管理，而不是单独游离在高校教学管理体系之外。差异性主要体现在基于来华留学生在汉语水平和文化习俗上的差异，注重师资和教学语言与国际学生需求的契合性，以保障来华留学生的培养质量。

三　来华留学生的趋同化教学管理

目前，趋同化教学管理在学界还没有公认的概念和具体指标，笔者从趋同化管理的概念分析和高校趋同化管理的经验出发，总结趋同化教学管理概念为：按照与中国学生趋于相同的学籍管理、培养计划和教学大纲对来华留学生进行教学的管理模式，趋同化体现在入学测评、课堂管理、成绩管理等各个教学环节。本书着眼于微观层面的趋同化教学管理，即从来华留学生的视角感受趋同化教学管理。上述概念中的学籍管理、培养计划、教学大纲均由学校管理层确定，本书收集了8所已经实施趋同化管理的高校制定的来华留学生教学管理文件，对文件中涉及教学管理的内容进行分类，发现多数高校主要从课程安排、考勤纪律、考试考核、转专业与转学、毕业等方面进行了具体的细则规定（见表3-4）。

表3-4　部分高校来华留学生趋同化教学管理规定的主要内容分类

内容分类	部分高校来华留学生教学管理规定节选
课程安排	选课参照学校相关规定。中国概况、汉语为本科留学生的必修课。本科留学生可免修体育、军事理论、思政等课程
考勤纪律	本科留学生上课、实习、社会调查等采用考勤制度。任何课程，本科留学生无故缺课累计超过该课程教学时数的1/3，主讲教师有权取消学生该课程考核资格，该课程总评成绩以零计。本科留学生请假应事先提出书面申请，因病请假须附医院证明
考试考核	本科留学生课程考核、成绩记载及学生学分和学生成绩评定标准参照学校相关规定。对于汉语授课专业学生和全英文授课专业学生的最终成绩按实际记载

续表

内容分类	部分高校来华留学生教学管理规定节选
转专业与转学	留学生入学后发现有某种疾病或生理缺陷，经学校指定医院检查证明，不能在原专业学习，但尚能在本校或者其他学校别的专业学习的；经学校有关部门认定，学生确有特殊困难，不转专业或转学无法继续学习的
毕业	具有正式学籍的本科留学生，在规定期限内，修完所注册专业教学计划（培养方案）规定的全部课程和环节，德、智、体等全面鉴定合格，准予毕业。凡在学制年限内无法修完教学计划规定课程的本科留学生，可申请延长学业，延长学业期间参照学校规定执行。修业期满，修读了所注册专业教学计划规定的所有必修课程，但未达到毕业条件者，作结业处理；未达到结业条件者，作肄业处理

表3-4节选了部分高校趋同化教学管理的具体规定，主要包括课程安排、考勤纪律、考试考核、转专业与转学、毕业的细则规定。通过梳理上述管理规定，可以看出高校对来华留学生教学管理的主要特点有以下几个方面。

一是考勤纪律。在考勤纪律方面，各个高校对来华留学生提出和中国学生相同的要求，在教学活动中实行考勤制度，并加以量化，通常将学生出勤情况与参加考试资格相挂钩，要求缺勤学生履行严格的请假手续。如果学生长期缺勤或旷课，学校有权取消学生的课程考试资格，学生将无法取得相应学分，如果学生有多门课程被取消考试资格，学校有权终止学生的学业，勒令其退学。

二是考试考核。在考试考核方面，各个高校对来华留学生和中国学生的要求大致趋同，但对来华留学生也有一些特殊规定。趋同之处主要体现在对考试纪律的要求、课程成绩评定方式等方面。例如，课程成绩评定方式兼顾平时成绩和期末考试成绩，成绩不合格可以有一次补考机会，如果补考未通过，需要重修课程。特殊规定主要体现在国际学生参加一些专业课程考试的时间比规定时间延长半小时，有些高校规定允许来华留学生携带汉语字典参加考试，这些都是考虑到来华留学生相对中国学生而言，汉语基础薄弱而做出的一些特殊规定。

三是课程安排。在课程安排方面，学校要求来华留学生修读培养方案所规定的课程，并按照学校规定进行选课，与中国学生要求相同。各高校按照《来华留学生高等教育质量规范（试行）》的要求，将中国概况类课程作为来华留学生的必修课程，将政治理论课程作为学校政治学、哲学专业的来华留学生的必修课。对于汉语专业的来华留学生提出汉语水平要求，例如达到 HSK 6 级的要求。同时规定，来华留学生免修军事课程和体育课程。

四是转专业和毕业。在转专业和毕业的规定方面，学校对中外学生要求基本相同，特别是在毕业要求、修业年限方面，对中外学生一视同仁，体现了教学管理的高度趋同化。

基于上述分析，笔者将趋同化教学管理转化为具体问题，考虑到多数来华留学生在学习过程中了解了高校在课程安排、考试考核、考勤纪律等方面的相关规定，只有少数来华留学生具有转专业的经历，多数受访来华留学生为在校生，尚未经历毕业的相关程序，因此笔者将来华留学生对课程安排、考试考核、考勤纪律的感受作为访谈重点，通过访谈调研来华留学生在趋同化教学管理下的体验和感受。

四 来华留学生趋同化教学管理下的感受差异

（一）访谈设计

笔者以实施趋同化管理的高校中的部分共建"一带一路"国家来华留学生为研究对象，通过深度访谈，了解他们对课堂管理的感受。访谈内容围绕来华留学生对课程安排、考试考核、考勤纪律的感性经验，访谈提纲是半结构化的，在访谈过程中，提纲中的问题根据受访者回答的内容进行调整，对不同受访者提问顺序也有所改变，并根据受访者的回答情况来增加或减少问题。访谈提纲具体如表 3-5 所示。

表 3-5 访谈提纲

序号	访谈问题
1	你喜欢在中国学习的课程吗？为什么？

续表

序号	访谈问题
2	请说说你最喜欢的课程。请说说你不喜欢的课程。
3	你如何看待在中国学习期间的考勤制度？请举例说明。
4	你如何看待在中国学习期间的考试？请举例说明。
5	你如何看待在中国学习期间的考试成绩？请举例说明。

笔者选择已经实施了趋同化管理的3所高校的来华留学生作为访谈对象。这3所高校对中国学生和来华留学生都采用了"多职能部门+二级学院管理"的模式，来华留学生除短期班之外，多数本科生、研究生、进修生、交换生不单独编班，而是和中国学生混合编班，实施趋同化教学管理。笔者通过与3所高校国际交流处的工作人员联系，说明本书的研究目的和方法，在他们的帮助下，筛选出中外学生混班授课的教学班共计52个，采用随机抽样的方法，每个班级抽取一名来华留学生作为访谈备选对象，共计抽取52名来华留学生。笔者根据来源国筛选出31名共建"一带一路"国家的来华留学生，通过电子邮件与31名来华留学生取得联系，并与他们就参加访谈进行沟通。根据31名来华留学生参与访谈的意愿、语言表达能力，笔者最终确定与东南亚国家中的泰国、越南、缅甸等国家，中东欧国家中的俄罗斯、白俄罗斯、乌克兰、罗马尼亚、匈牙利、波黑等国家，中东国家中的埃及、土耳其等国家，非洲国家中的利比亚、赞比亚、津巴布韦等国家的28名来华留学生进行深度访谈。考虑到部分来华留学生的汉语表达能力有限，而英语表达能力较好，能够顺畅交流，因此访谈全部采用汉语和英语双语进行。

（二）学习感受差异

笔者通过对来华留学生的访谈资料进行分析和筛选，确立编码方案。笔者邀请了1位长期从事来华留学生教育教学工作的副教授、1位拥有教育学硕士学位的T大学国际交流处工作人员和笔者共同完成编码工作。编码前，笔者与2位编码人员进行沟通，在编码规则与程序方面统一认识。编码人员确定内容类别,将分析单元归入最合适的内容类别中,将编码者具有歧义的分析单元予以删除。其编码要素频次统计如表 3-6 所示。

表 3-6 编码要素频次统计结果

单位:次,%

编码要素	访谈内容举例	频次统计	占比
课程	我在本国读的是私立大学,比如同一门课有三个时间可以选,8 点、10 点、12 点,我可以选择,但在中国我要按照固定的课表去上课,选择很少 所有的课程都是老师用中文和英文两种语言教授。有些老师的英文不太好,有时候我不理解。埃及的大学开设的课程比中国的大学更丰富 有些留学生喜欢经常互动,甚至和学生有些打闹的老师。我不习惯,课上玩玩闹闹,我到底学啥了	8	42
考勤	上课出勤是非常重要的。经常上课才能学到东西,在我的国家也一样,出勤是非常重要的。长期不上课是不能参加考试的,和中国一样 在我的国家,学生不是必须去上课的,有课时我们想去就去,不想去就可以不去。老师对学生是否按时上课也不太在意,老师讲完课,就完成任务了 考勤是成绩的一部分。中国的课程多数在上午 8 点开始,需要早起,我开始不适应,现在已经习惯了	6	32
考试	在我的国家,考试的方式是多种多样的,但是在中国大学,多数的考试是试卷。我常常只知道考试的分数,不知道正确的答案,不知道如何提高 期末考试时,我很认真地写了一篇文章,我觉得我的想法很新颖,但据说是助教批阅的,他可能也没太看懂,最后分数也不太好,我很失望 中国大学的考试非常容易。我们学习后做一些课后练习,你做好这些练习,考试会考好的	5	26

通过对访谈记录的编码要素分析对来华留学生提及词进行编码,编码采用 Glaser 和 Strauss 的"扎根"方法进行由下至上的归纳分析,通过开放式登录、关联式登录、核心式登录三级编码,提取高频词,发现和建立概念类属之间的联系,具体如表 3-7 和表 3-8 所示。

表 3-7 来华留学生提及词统计

单位：次

主题	开放式编码及其出现的频次
课程	语言（8）选择（7）丰富（4）知识更新（3）互动（3）
考勤	出勤重要（7）学到知识（6）尊重老师（3）规矩多（3）
考试	通过考试容易（6）方式多样性（5）只知道分数（5）如何改进（4）

表 3-8 趋同化教学管理编码要素框架

主题	编码要素
课程评价	教学语言 课程设置 课程实施
考试适应	考勤制度 考试方式 考试成绩

三位编码人员各自独立完成编码工作后，再对他们的编码结果进行信度检验。一般认为，内容分析中编码一致性必须大于 0.80，达到 0.85 以上较好，若大于 0.90 则为非常理想水平（汪洁，2009）。据检验，三位编码人员的编码一致性均为 0.80 以上（见表 3-9）。

表 3-9 编码一致性检验

趋同化教学管理		编码一致性程度
课程评价	教学语言	0.851
	课程设置	0.821
	课程实施	0.830
考试适应	考勤制度	0.825
	考试方式	0.831
	考试成绩	0.825

在开放式编码中我们共获得 156 个编码，通过形成新的类属，补充细节，笔者充分理解了来华留学生在趋同化教学管理下的感受，部分编码示例如图 3-1 所示。

通过二级主轴编码，笔者提出以下假设：来华留学生对趋同化教学

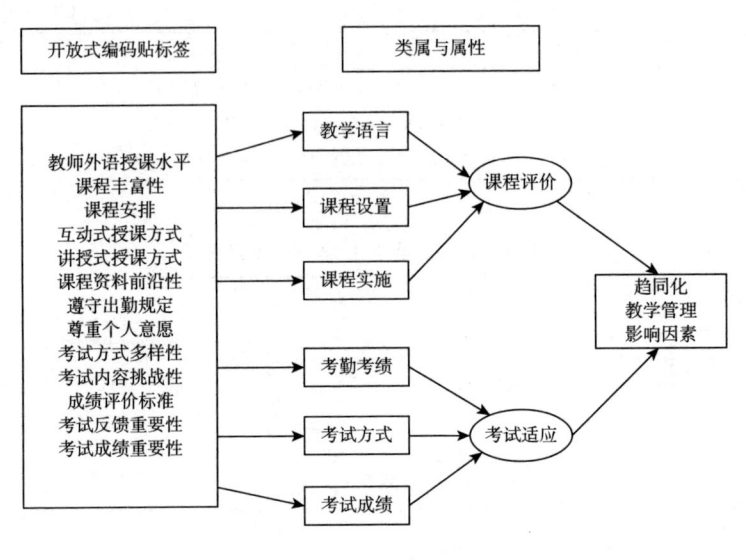

图 3-1　部分编码示例

管理下的课程、考试有不同的感受和体验，形成了不同的评价，其中既有积极正面的评价，也有消极负面的评价。在这些评价中，来华留学生对课程、考试的评价与他们的文化背景和教育经历有密切联系。在三级选择性编码中，笔者将"课程评价"和"考试适应"作为中心类属，并将不同类属联系起来，为形成完整理论图式做准备，具体分析如下。

课程评价。课程评价指"依据课程实施的可能性、有效性及其教育价值，收集和提供论据，从而做出价值判断的过程"（顾明远，1998）。来华留学生在同一课堂学习，但对同一课程有着不同的感受，对课程的评价也有较大差异。多元论的课程评价观认为"参与教育教学的教师和学生有各自的价值观，在教育教学活动中，亦各自有个人不同的体验，因此，大多数教育教学活动的结果并非都能导向预定的目的和目标，而往往导向多种目的和目标"（顾明远，1998）。由于来华留学生文化价值观的差异，其对课程的评价标准、评价结果也会有所不同。受访来华留学生对课程的评价主要涉及教学语言、课程设置、课程实施三个方面。

教学语言。教学语言是"教师用以向学生传递教学信息的符号系统。其特点是把自己能明白的意思转化为展开的具有规范语法结构、能为学生理解的语言形式"（顾明远，1998）。来华留学生具有不同的语言背景，却在同一课堂学习，教学语言是否能够有效传递教学信息、是否能为学生理解，这是趋同化教学质量是否合格的重要影响因素。受访者在谈及课程时较多地涉及对课堂上的教学语言的感受。采用趋同化教学管理的高校多数采用中文或英文进行授课，受访的来华留学生感受差异明显。在中文授课的课堂上，部分受访来华留学生认为与中国学生一起上课让其感到有压力，主要原因是受访来华留学生认为中文是中国教师和学生的母语，而对自己来说中文是外语，来华留学生认为自己中文水平有限，与中国教师和中国学生交流有一定障碍，在听课质量和课堂讨论中，处于劣势地位，内心很有压力。例如，受访的乌克兰留学生认为，"和中国人一起上课压力就很大，因为老师不会照顾外国人的语言程度。以前我在另外一所大学的国际班学习时，老师讲课是可以听懂的，因为老师放慢语速，发音标准，但是在和中国学生一个班学习时，我发现老师语速快，发音不标准，有口音，我只能一边听一边猜"。在英文授课的课堂上，部分来华留学生认为教师的英文水平不高影响了教学效果。例如，受访的赞比亚留学生提到，"我是以英语为母语的，我的英文很流利，但有些老师英文不太好，老师用英文讲课时，有时候我理解老师讲的内容，有时候我不理解，我需要用手势和老师交流，告诉老师自己没有理解，需要老师再讲讲，再解释一下"。同时，由于语言差异，中外学生虽然在同一课堂学习，但是存在交流不畅、融合不足、课堂讨论质量不高等负面现象。受访的埃及留学生认为，"每次课堂讨论，我都很难。我是个留学生，我没法融入中国学生群体，我没有什么固定的中国学生可以交流，因为他们愿意和自己的室友、朋友在一起讨论。我只能找那些没有人要的，没有找到组的，或是找助教，帮我安排一下"。

由此可见，教学语言是来华留学生趋同化教学管理中不容忽视的问题，语言的差异直接影响他们的学习体验。教学语言是具有规范语法结构、能为学生理解的语言形式。由于语言差异，在趋同化教学管理的课堂上存在师生交流不畅、课堂讨论质量不高的问题。一些来华留学生由于语言交流不畅而对课程产生负面感受，部分来华留学生在中文教学环境下产生了心理压力，例如，受访的波黑留学生认为，"中国学生都讲中文，我会有压力。就像让中国人学波黑语，他们也会有压力。想象一下，我是个外国人，我在学习中文，我周围的同学都是中国人，上课用的 PPT，我也跟不上，我还只能讲中文，我有时觉得很崩溃"。来华留学生在同一课堂学习，使课堂成为跨文化交流的良好平台，但由于语言问题，部分留学生存在回避交流或交流不畅的现象。例如，受访的俄罗斯留学生认为，"我们班上马来西亚留学生很多，课堂讨论时他们比较抱团，我跑到马来西亚人的小组就会觉得很突兀，所以我就不会去和他们讨论"。目前，国内高校开设的多数课程采用中文或英文授课。在中文课堂上，很多来华留学生的中文水平有限，还不足以支持他们参加专业课程学习，使他们在趋同化教学管理下感到困难和压力。在英文课堂上，部分中国教师的英文能力还不足以很好地驾驭课堂，存在语音语调不规范、中式思维的英语表达等问题。上述问题说明我国部分高校对来华留学生汉语水平要求不高，也说明部分高校的教师双语教学能力不足、课程国际化水平不高，使来华留学生对趋同化教学管理产生负面感受。

课程设置。受访来华留学生在课程设置上的感受主要体现在课程选修和课程设计两个方面。选修制是指"允许学生自己选择学校学科、专业和课程的一种教学制度"（顾明远，1998）。选修制起源于19世纪初期的德国柏林大学。20世纪中期形成基本选修模式，即学生按院系规定修习必修课，同时修习限制性选修课或无限制的自由选修课。我国高校目前多数实行不同程度的选修制。受访的来华留学生对高校选修制有截然不同的感受。中国学生普遍习惯固定课程、固定时间的学习模式，认为选修课可以满足学习需要。而部分来华留学生则认为高校开设的必修课较多，选修课较少，上课时间较为固定，选择余地较小。同时，一些受访的来华留学生希望中国高校提供更为灵活的上课时间，例如，受访的津巴布韦留学生提到，"我在我的国家读的是私立大学，我不但可以选课，还可以选择上课的时间，比如大一的一门课程有三个时间可以选，8点、10点、12点，我可以根据我的时间来选择上课时间，但在中国我要按照固定的课表去上课，没有其他选择"。受访来华留学生将选修课程设置与其本国学校的课程设置相比较，反映了他们对选修课程设置的不同理解，以及对选修课程的数量和质量的不同要求。

课程实施。"教学是课程实施的中心环节，教师是课程实施的关键环节。"（顾明远，1998）来华留学生在访谈中较多提及课程实施过程中的教师风格、教学策略、教学方法等教学元素，说明课程实施与教学元素有密切的联系。对同一课堂、同一教学方法，不同国家的来华留学生做出了截然相反的评价。例如，受访的越南留学生认为，"我比较喜欢严谨的老师，有时老师也很放松，但严起来也真是严格。比如他讲一个概念，他会让我们明白，如果我们不明白，他就不教别的，直到讲明白。讲课的技巧是让我们记得很快。我个人在课堂上不太喜欢说话。如果在课堂上学生常常问问题，会让人感觉尴尬，影响课堂质量"。来自波黑的留学生认为课堂讨论在课程实施中应占据重要的位置，"如果只有老师讲，我觉得很枯燥，有时觉得上课时间很漫长，课堂讨论会让我觉得更有意思。比如我们有很多语法点在课本上，有很多对话要学。老师有时将我们分组，我感觉对话的内容非常有趣，我们进行对话、进行讨论，我们扮演对话中的人物，这对我们的学习很有帮助，我觉得这样课堂时间就过得快。当你听其他同学对话时，你觉得自己可以做得更好，而且觉得同样的时间学到更多东西，这比只是老师讲解要有趣得多"。由此可见，在趋同化教学管理的课堂上，来华留学生对教学的要求是多元化，对教师开展教学活动构成了挑战性。

同时，受访学生普遍将教材和课程资料的质量作为课程评价的标准之一。教师提供的讲义、图表、视听材料等对课程实施的有效性具有重要作用。例如,来自俄罗斯的留学生认为教师提供的教学资料过于陈旧,影响了课程实施的有效性,"这门文化课的老师选用的图片、素材都是很老的,视频也是品质差、内容老,我就觉得不好,不能展现这个国家的特点,会让学生对文化有片面的想法,会让学生对这个国家印象不好"。来自津巴布韦的留学生认为教材和课程资料应该与时俱进,符合时代的要求。例如,"工程绘图课很难,我觉得收获不大。工程绘图课教我学习如何手工绘图,没有学习用软件绘图,没有学习用 AutoCAD 来绘图,如果学习软件绘图对我帮助更大"。由此可见,教材和课程资料的时效性、新颖性是学生对课程评价的重要标准之一。

考试适应。考试考核是"检查和评定学业成绩和教学效果的一定方式"(顾明远,1998)。高校在制定本校的趋同化教学管理规定时,普遍将考试考核作为其中的重要内容之一,详细规定课程考核与成绩记载的方式,例如期末考试与平时成绩的占比。多数高校将学生课程出勤情况与课程期末考核联系起来,例如规定无故缺勤累计超过课程教学时数一定比例的学生不得参加该课程的期末考试。来华留学生对考试的不同感受体现出其对趋同化教学管理模式下考试的不同适应程度。适应"泛指机体对环境的适应。个体根据环境条件的变化改变自身,达到与环境保持平衡的过程"(顾明远,1998)。适应水平指"由个人建立起来的作为判断标准的主观水平"(顾明远,1998)。本书中的考试适应主要用于表述来华留学生由于文化背景和学习背景的差异,在参加相同考试时产生的不同感受,在心理上对考试接受程度的差异。因此,本书将考试适应定义为学生个人建立起来的对考试的判断和评价,以及主观上对考试的接受程度。来华留学生受访者详细描述了趋同化教学管理下参加考试考核的感受,其中既有积极的感受,也有消极的感受,主要体现在考勤制度、考试方式、考试成绩三个方面。

考勤制度。在受访来华留学生中,一些学生对高校规定的考勤制度持积极认可的态度,认为考勤制度是教师教学质量和学生学习质量的重要保障。例如,来自越南的留学生认为,"上课出勤是非常重要的。经常上课才能学到东西,在我的国家也是这样规定的,长期不上课是不能参加考试的,这和中国一样"。来自埃及的留学生认为,"上课点名记考勤不但可以保障教学效果,而且有利于师生之间的交流沟通。作为有分数的课程,老师会记考勤,考勤会记成绩。老师要点名的话,他对我还有一定印象,因为我不是一个主动找老师谈话的学生,要是这个老师看到我的名字,他可能会尝试和我交流一下"。另一些受访学生,比如中东欧国家来华留学生对考勤制度有不同的看法,他们认为中国高校的考勤制度与其本国学校的考勤制度有很大差异,他们虽然表现出对考勤制度的理解,但也表达了对考勤制度的不适应。例如,受访的波黑留学生认为,"在波黑,我们不是必须去上课的,有课时我们想去就去,不想去就可以不去,没有考勤,也可以参加考试。老师对学生是否按时上课也不太在意,老师讲完课,就完成任务了。但是,在中国学校,考勤很重要。我必须去上课,否则不能考试,我理解这样的方式是为了让学生学会,但我还是会紧张,会有压力"。再如,来自赞比亚的留学生认为,"考勤是平时成绩的一部分,出勤很重要。但是,我刚来中国时,需要适应时间上的差异。中国的课程多数在上午 8 点开始,需要早起,我刚开始很不适应,现在已经习惯了"。来自捷克的留学生在描述自己对按时上课出勤的感受时表示,"如果课程在 8 点,我必须在 7 点醒来,我不喜欢早起。事实上,8 点的课在我看来都很漫长。考勤规定我必须去上课,否则不能考试,我想到这些就会有压力"。上述访谈示例说明不同国家的来华留学生对高校考勤制度适应程度不同,由于有些国家高校考勤制度是中小学考勤制度的延续,这些国家的来华留学生普遍并适应习惯考勤制度,而另外一些来华留学生因其本国学校的考勤制度与中国不同,所以对中国考勤制度的适应性较低,部分来华留学生能迅速调整并适应中国的考勤制度,部分来华留学生适应程度低,表现出紧张和忧虑。

考试方式。中国学校的课程考核方式主要有笔试、口试、操作考试。笔试又分为开卷考试和闭卷考试。因为考试结果涉及成绩记载和课程学分,所以学生普遍非常重视考试。实施趋同化教学管理的高校对修习同一课程的中外学生往往采用相同的考核方式，受访来华留学生对此有不同的感受。受访的来自亚洲国家的留学生普遍认可中国高校的考核方式，例如受访的泰国留学生认为，"我在第一个学期期末参加过考试，我觉得考试更像课堂练习，老师看着我们答题，比较容易通过"。部分受访留学生认为中国高校的考试挑战性不强，容易通过，例如受访的埃及留学生认为，"中国大学的考试非常容易。我们会做一些课后练习，你做好这些练习，考试会考好的。考试的主要内容就是练习的内容，非常容易。但是在埃及不是这样的，你不知道考试可能考什么，分数也难以预测"。来自非洲、中东欧国家的受访留学生对考核方式提出了不同的看法，他们本国学校的考核方式较为多元，不只局限于试卷和论文，因此他们认为中国高校的考核方式较单一，例如受访的波黑留学生认为，"和中国教育模式很不一样。我们国家学校中大部分考试是实践课题性，比如去广场做调查问卷，很少有书写、背诵类的考试"。受访的坦桑尼亚留学生同样认为中国高校考试形式以试卷为主，有一定局限性，"对于中国的学校，我不太理解的是考试的方式，在我的国家，考试的方式是多种多样的，可以写论文，也可以是试卷考试，还可以是其他形式，但是在中国大学，多数的考试是试卷"。部分受访留学生认为考试后反馈不足，学生不应只得到一个分数，应该得到改进和提高的建议。例如，受访的土耳其留学生提到，"我认为如果我写文章，我可以了解自己的错误在哪里，可以纠正自己，但是只用试卷，我常常不知道正确答案是什么，不知道如何提高和改进。我认为改错是提高和改进的关键"。上述访谈示例说明，来华留学生对趋同化教学管理下的考试适应程度不同，主要体现在考试难度、考试方式、考试反馈三个方面。考试难度是否有挑战性、考试方式是否多元化、考试反馈是否有利于学业提高都是受访来华留学生学习感受差异的焦点问题。

考试成绩。受访来华留学生对考试成绩提出了不同的看法，多数受访来华留学生认为成绩高低与个人努力程度成正比，认可自己的成绩评定结果。例如，受访的俄罗斯留学生认为，"因为成绩比我好的同学付出也比我多,所以我接受自己的成绩。如果我出去玩,他们在家里学习,他们就是付出比我多,学习上付出多,成绩就好"。部分受访来华留学生对成绩评定感到困惑,认为成绩评定标准不够公开透明,学生希望取得优异成绩,但缺乏清晰目标,未得到教师的有效指导。例如,受访的泰国留学生认为,"一些考试成绩评定标准不明确,特别是学期论文成绩的评定标准让我觉得困惑。我很认真地写了一篇学期论文,选题内容是非常新颖的,也是自己感兴趣的,但最后分数也没有多好。我觉得我的想法起码是新颖的,是有创造性的。但是成绩却不好,我很困惑"。受访的越南留学生认为,期末展示的成绩评定与课程内容不相符。"有一门课的考试名称叫做期末展示,学生可以在老师提供的几个专题中选一个,我选的是法治,相对于文化、美食等题目,这个题目显得比较严肃。其他文化、美食主题可以弄得很激情,老师看了也会笑一笑,觉得很有意思。比如文化主题,一组有很多人,每个人讲一种菜式,大家看PPT全都是好吃的,心情自然就好。一到我的法治主题,大家看到的都是法院等,感觉要睡着了。所以我的分数不是很理想。但我觉得这种考试跟在玩似的,这还是考试吗,更像才艺展示。"从上述访谈示例可以看出,来华留学生对成绩评定的体验不同,部分来华留学生对成绩评定有一定负面体验,主要表现为对自己的成绩感到失望和沮丧、认为成绩评定标准不清晰、自己付出的努力没有得到认可。

高校的教学管理涉及内容多、范围广,本章选取了在趋同化教学管理下来华留学生对课程的评价和对考试的适应进行研究,通过访谈,收集来华留学生在课程与考试上的体验和感受,整理分析后发现,学生对课程的感受主要集中在教学语言、课程设置、课程实施三个方面,学生对考试的感受主要集中在考勤制度、考试方式、考试成绩三个方面。通过上述分析,笔者发现在趋同化教学管理下,来华留学生的感受有明显差异,既有积极正面的感受,也有消极负面的感受,可以称之为"趋同"下的"差异"。在趋于相同的教学管理模式下,来华留学生感受到差异的原因是本书下一章探究的重点。

第四章
趋同化教学管理下来华留学生的适应差异

通过上一章对访谈的分析我们可以看出，对来华留学生实施趋同化教学管理后，学生们的体验和感受有明显差异，部分来华留学生对趋同化教学管理表现出不习惯、不适应，甚至感到压力和焦虑。由于来华留学生具有不同文化背景、不同风俗习惯，所以对趋同化教学管理的适应程度不同。教育部在积极推行趋同化管理的同时，也看到了来华留学生在趋同化管理下可能面临的问题，提出"趋同化并不意味着等同化。既要对中外学生一视同仁，也要看到来华留学生风俗习惯和语言、文化存在差异，以合理、公平、审慎为原则，帮助来华留学生了解中国国情文化，尽快融入学校和社会"。[①] 由此可见，文化、风俗习惯、语言的差异是来华留学生适应趋同化教学管理的最大障碍。不同区域、不同国家的来华留学生对趋同化教学管理的适应程度存在明显差异，部分来华留学生较快接受并适应了趋同化教学管理，部分来华留学生适应慢，甚至表现出明显的"水土不服"。笔者认为文化、风俗习惯、语言的差异是文化价值观差异的外在表现，来华留学生文化价值观的差异大小是其能否适应趋同化教学管理的关键。因此，本章着重探究来华留学生文化价值观差异对趋同化教学管理适应性的影响，从文化价值观差异角度揭示来华留学生在趋同化教学管理中面临的问题和挑战，从而帮助他们适

---

① 《质量为先 实现来华留学内涵式发展——教育部国际司负责人就来华留学相关问题答记者问》，教育部官网，http://www.moe.gov.cn/jyb_xwfb/s271/201907/t20190719_391532.html。

应、融入趋同化教育教学活动中，助力他们在华顺利完成学业。

一 基于文化维度理论模型的访谈设计

在西方文献中，不同国家的文化价值观差异吸引了大量学者的关注，取得了一定的研究成果，如霍夫斯泰德创立的文化维度理论模型得到了不同国家学者的反复使用和验证，具有较理想的信度和效度。因此本章将以文化维度理论模型中的六个维度为基础测量来华留学生的文化价值观特点，同时积极调整文化价值观量表的结构安排和条款内容，使其更加适用于来华留学生群体文化价值观的测量。虽然霍夫斯泰德创立的文化价值观量表有很好的借鉴意义，但由于量表中有较多题项涉及工作问题，而多数来华留学生没有工作经历，对问题的理解和回答会出现障碍，因此笔者根据研究目的对量表进行了修订和调整。访谈是结构化访谈，通过询问部分共建"一带一路"国家来华留学生对学习和生活的看法，探寻他们的文化价值观。访谈提纲将霍夫斯泰德的六个文化维度的核心概念和关键词转化为具体问题，在转化为具体问题过程中着重考虑结合来华留学生的生活和学习实际，设立具体情境，让来华留学生充分理解问题的内涵。霍夫斯泰德的六个文化维度转化的具体问题，总结如表4-1所示。

表4-1 文化维度转化的具体问题

序号	文化维度	关键词	访谈问题
1	权力距离	权威、平等、服从	在课堂上，你喜欢老师有权威性，还是和学生平等相处？为什么？ 你和老师观点不一致时，会提出来吗？为什么？
2	集体主义与个人主义	家人关系、同学关系	你和家人的关系密切吗？为什么？ 你和同学关系怎么样？
3	阳刚气质与阴柔气质	男性、女性、学业压力	你认为在家庭和就业中男女平等吗？ 你同学的成绩超过你，你会焦虑吗？
4	不确定性规避	未来、焦虑、就业	你会因为未来的事情而感到焦虑吗？为什么？ 你在乎就业的稳定性吗？为什么？
5	长期取向与短期取向	传统、储蓄	你经常储蓄吗？为什么？ 你如何看待本民族的传统？

续表

序号	文化维度	关键词	访谈问题
6	自我放纵与自我约束	个人兴趣、休闲时间	你未来选择职业时，你最在意什么？如果有一份高薪的工作，需要经常加班，占用你很多休闲时间，你会接受这样的工作吗？为什么？

笔者在52名访谈备选对象中，根据留学生的来源国筛选出28名共建"一带一路"国家的来华留学生，根据他们参与访谈的意愿、语言表达能力，最终确定对东南亚国家、中东欧国家、中东国家、非洲国家中的20名来华留学生进行深度访谈。考虑到部分来华留学生的汉语表达能力有限，而英语表达能力较好，能够顺畅交流，因此访谈全部采用汉语和英语双语进行。

访谈后，笔者对来华留学生的访谈资料进行分析和筛选，确立编码方案，并邀请了1位长期从事来华留学生教育教学工作的副教授、1位拥有教育学硕士学位的T大学国际交流处工作人员和笔者共同完成编码工作。在编码前，笔者与2位编码人员多次进行沟通和交流，在编码规则与程序方面统一认识。编码人员对访谈资料中的编码要素进行频次统计，对编码内容进行归类，编码的归类反映了来华留学生在权力距离、集体主义与个人主义等六个文化维度上的特点（见表4-2）。

表4-2 编码要素频次统计结果

单位：次，%

编码要素		访谈内容举例	频次统计	占比
权力距离	对师生平等的看法	①中国老师更加尊重学生。在课堂上，中国老师更愿意倾听学生的想法，而我们国家的老师注重陈述自己的看法，更像一个权威。②我喜欢老师和学生商量，老师有老师的风格，学生有学生的风格，大家需要彼此沟通好	7	10.8
	父母与子女关系的平等程度	①在非洲孩子要按父母说的去做，父母告诉孩子应该做什么，孩子是服从父母的。②我们国家的人喜欢独立，孩子18岁后，应该出去工作挣钱，不和父母生活在一起	5	7.7

续表

编码要素		访谈内容举例	频次统计	占比
集体主义与个人主义	与家人关系	①我们和家人很亲密，在我的国家，家人是对人们生活最重要的。②我和家人的关系不太亲密，我觉得家人也不应彼此干涉	5	7.7
	与同学关系	①我和其他同学算不上朋友。每个国家的同学有优点也有缺点，大家都小心翼翼，对彼此保持礼貌。②我喜欢和外国同学一起学习，他们和我们的文化不一样，是学习其他文化的机会	6	9.2
阳刚气质与阴柔气质	对男女平等程度的看法	①我觉得找工作时，男生和女生的机会不太一样。男生会容易找到工作。②大部分工作中，男女是平等的，但是有些工作男生是有优势的	4	6.2
	对学业竞争的看法	①别的同学成绩比我好，我也不会焦虑。我不想和别人比，我只想超越自己。②如果所有同学都考得好，只有自己考不好，就觉得自己很失败。同时自己的父母也会失望	6	9.2
不确定性规避	对职业稳定性的看法	①即使工资低一些，我也想做稳定的工作，因为我想要组建家庭，我需要稳定的工作。②我认为工作的稳定性不很重要，做自己喜欢的工作很重要	4	6.2
	对未来感到焦虑的程度	①我享受现在，并不在意明天的事，我要活在当下。②我在考虑未来，而且我做事情都有明确的目的，有计划	5	7.7
长期取向与短期取向	对储蓄的看法	①如果我有多余的钱，我就会给自己买点东西，而不是存起来。②储蓄多数是为了为他人承担责任，不是生活中最重要的，还有比储蓄更重要的事	5	7.7
	对传统的看法	①我觉得有些传统是过时了，需要改变，有些需要保持。②我遵从传统时，心里感到非常温暖	5	7.7

续表

编码要素		访谈内容举例	频次统计	占比
自我放纵与自我约束	以个人兴趣为导向的就业选择	①如果有一份工资没那么高，但我很感兴趣的工作，我会选择这样的工作。②我选择工作时，自己的感受是最重要的，如果工作令我快乐，钱是次要的	7	10.8
	就业选择中是否注重个人休闲时间	①在我们的头脑中，供养家庭、养育孩子更重要，我们不会选择休闲时间少但薪水高的工作。②我不喜欢那种压力大的工作，没有时间陪家人，我不会快乐的	6	9.2

编码人员确定内容类别后，将分析单元归入最合适的内容类别中，将编码人员不能达成一致或具有歧义的分析单元予以删除。编码人员各自独立完成编码工作后，再对他们的编码结果进行信度检验。编码人员对趋同化教学管理的编码一致性程度均为0.80以上，表明信度较好（见表4-3）。

表4-3 文化维度编码一致性检验

文化维度	编码要素	编码一致性程度
权力距离	对师生平等的看法、父母与子女关系的平等程度	0.821
集体主义与个人主义	与家人关系、与同学关系	0.831
阳刚气质与阴柔气质	对男女平等程度、学业竞争的看法	0.819
不确定性规避	对职业稳定性的看法和对未来感到焦虑的程度	0.832
长期取向与短期取向	对储蓄的看法、对传统的看法	0.834
自我放纵与自我约束	对兴趣与就业及个人休闲时间的看法	0.816

从编码要素内容以及编码要素频次统计结果中，我们可以看出来华留学生在六个文化维度上呈现不同的文化价值观特点。

二 基于文化维度理论模型的访谈分析

（一）权力距离维度

在访谈中，权力距离维度主要体现在对师生平等的看法和父母与子女关系的平等程度两个方面。在对师生平等的看法方面，东南亚和中东国家的来华留学生对教师的权威性认同较高，较多提到教师对课堂的主导、学生对教师的尊重等，具有较高权力距离倾向。例如，受访的泰国来华留学生认为，"我觉得老师的幽默、和善是重要的，但是如果太幽默我也不喜欢。应该严肃一点，因为有的学生觉得这位老师幽默，他们对老师说话会没有尊重。因为他们觉得老师就像我的朋友，我想说什么就说什么，想做什么就做什么。做老师也不容易，如果学生没有尊重老师，老师就很难控制这个课堂"。受访的越南来华留学生认为，"按我的意思，我觉得老师在课堂上要有权威，但不是必须完美，老师有不知道的事情，这很正常。老师教学生知识，学生会提出各种问题，他也不可能知道世界上每一件事。如果老师跟学生商量，学生说不行，学生不喜欢，老师就不教了，老师没有对学生发挥影响。我觉得老师对学生的影响特别重要"。受访的埃及来华留学生认为，"埃及的老师更严格，比如埃及的老师说如果上课迟到15分钟以上，就不容许上课了，但是中国老师是宽容的，如果你迟到15分钟以上也可以上课"。

非洲国家来华留学生表示尊重教师在教学活动中的权威性，同时又提到希望和教师平等相待，表现出这些地区的学生具有降低权力距离的倾向性。例如，受访的利比亚来华留学生认为，"对我来说，喜欢老师和学生商量，因为老师有老师的风格，学生有学生的风格，大家需要彼此沟通好。中文写作对我来说很难，比说中文要难得多，因为有一个点、一笔错了，整个字就错了。我知道正确的写法，但一写就错，在测验中我得了零分，当我得了两次零分时，我很沮丧，在后面的测验中，我害怕再次得到零分，所以我不敢交卷了。我的老师问我为什么没有交卷子，我说我可以下课后说原因吗？老师说可以。下课后老师和我谈了谈，告诉我应该怎样做。我觉得老师能和学生这样交流，让学生表达自己的想法，对学生这样友好，我很感谢。有时，我怕自己说错话，但是老师这样的方式让我能敞开心扉，很好"。中东欧国家的来华留学生对教师权威性认同最低，他们习惯于教师与学生的松散关系，教师只完成教学工作，不监管学生是否上课、是否学习，教师与学生互不干涉，而中国教师对学生的关注度高，对学生学业的监督性强，使中东欧国家来华留学生产生一定压力，中东欧国家的来华留学生对高权力距离文化存在一定程度上的不适应。例如，受访的波黑来华留学生认为，"中国的老师和波黑的老师有很大不同。波黑老师对学生是否按时上课也不太在意，老师讲完课，就完成任务了，学生是否学会，老师也不太在意。但是，在中国，老师对学生付出了很多，老师恨不得把一切知识都教给学生，为了让学生理解，做了很多讲解，而且学生必须坚持上课，老师会监督这些，这是非常大的不同。我有时会有压力，虽然压力不是很大，但是会有些压力。学生必须去上课、必须做作业，否则不能考试，我理解这样的方式是为了让学生学会知识，但我还是会紧张"。由此可见，来华留学生由于本国文化在权力距离维度上的差异，在对教师权威性的认同上表现出较大差异，其中东南亚和中东国家留学生尊师重道观念最强，其次是来自非洲国家的留学生，而中东欧国家的留学生对教师权威性认同最低，产生了不适应性。

在父母与子女关系的平等程度方面，大部分接受访谈的来华留学生表示自己会考虑父母的意见，但不会完全服从，他们有自己的看法，强调自己作为成年人的独立性，有时会违背父母的意志。例如，受访的赞比亚来华留学生认为，"在非洲孩子要按父母说的去做，父母告诉孩子应该做什么，孩子是服从父母的。因为父母是成年人，比孩子知道得多，有经验。但是也有年龄的区别，比如18岁后，父母就不教你做这做那了，我们非洲人认为因为你是成年人了，可以辨别是非"。受访的缅甸来华留学生认为，"如果是家里的事，我听父母的话，如果是工作的事，我就不太听。他们想让我回去找工作，为某个亲戚工作，但是我想在国外工作，不想回去。我对父母的意见会考虑，但不会完全服从"。受访的俄罗斯来华留学生认为，"俄罗斯的年轻人更加独立，我知道在有些亚洲国家，父母的意见对孩子来说非常重要，父母总是对的。孩子对父母要非常礼貌，父母老了要照顾他们，给父母钱等。我觉得子女对父母有责任,因为父母给了子女生命,抚养子女长大。在俄罗斯,父母和孩子之间的关系不是这样的,父母和孩子可以住在不同的城市,子女可以做自己喜欢的事,可以不按父母的意志做事"。受访的泰国来华留学生认为,"我来这学习,一开始父母也不支持。我有个梦想就是到中国留学。我就偷偷地自己申请,自己攒钱买机票。当中国的学校批准了,我就完成了所有的手续,包括签证、体检等,机票都买了。来中国一个星期之前,我才告诉父母。我妈妈和我大吵了一架。她没有支持我,她知道的东西比我少,她生活的范围比我小,她只在村里生活,我在城市里读书,我理解她,但那时感情上是很伤感的。可是我知道我要做什么,我知道我的未来是什么,所以我就决定了,就像一个逆子。我也不怪我妈妈,我懂她是怎样的"。受访的埃及来华留学生认为,"埃及是家族观念非常强的国家,我和家人的关系很亲密。我是个比较安静的孩子,比较服从父母,但我弟弟做过非常危险的事,我的父母当时是很紧张的,他有自己的想法,但是大部分情况下还是听从父母的话"。由此可见,大部分受访者强调自己作为成年人有选择学业、事业和生活的权利,不绝对服从于父母,表明在对父母权威的服从上,中东国家、东南亚国家、非洲国家、中东欧国家的来华留学生具有一定相似性。

(二) 集体主义与个人主义维度

在访谈中,集体主义与个人主义维度主要体现在与家人关系和与同学关系两个方面。在与家人关系方面,大部分受访者表示出个人对家族的依赖,与家人关系亲密,普遍认为自己对家人负有责任,具有集体主义倾向。例如,受访的俄罗斯来华留学生认为,"我们俄罗斯人很看重和家人的关系。家人之间非常亲密,每个假期我和家人都在一起度过。现在我在中国,我的哥哥在莫斯科,我的家在伏尔加格勒,我们经常通电话,无论距离有多远,我们的心很近。如果我需要帮助,他们都会帮助我,如果他们需要帮助,我也一定会帮助他们"。受访的越南来华留学生认为，"我们越南人，比如两个人结婚之后，不仅仅是两个人的事，在后面有许多关系的，要兼顾两个家庭，责任比较重。比如我家，我家只有我和弟弟，但是我还有堂妹、堂弟，我是大姐，应该对他们负责任的，比如帮助他们，他们想要什么，我可以帮助他们"。受访的赞比亚来华留学生认为，"我有同父异母的兄弟姐妹。我和他们虽然不是同一母亲所生，但我认为我们是兄弟姐妹。我和我的姐妹们最亲近，比兄弟还亲近，我们每两三天就会通电话。有时我们之间通电话没有重要的事情，只是想问候对方。如果我的兄弟姐妹需要我帮助，我会去帮助他们，而且不用他们求我，我发现他们需要帮助，就会帮他们。我觉得不需要他们求我，我对他们有责任"。受访的埃及来华留学生认为，"埃及家庭通常有三个孩子，只有一个孩子，孩子会很孤独，如果有兄弟姐妹，孩子会理解分享的意义，只有一个孩子，孩子会独享所有的爱，会变得自私。我有三个姐妹，很亲密。如果我的妹妹需要钱，我也会给她，没有问题的。虽然她们已经是大人了，但是当她们有麻烦的时候，肯定需要家人的帮助，埃及是家族观念非常强的国家"。受访的罗马尼亚来华留学生认为，"我的家人非常支持我来中国学习，有时我打电话告诉他们学习很难，我想回家，他们鼓励我说要坚持，为了自己的前途，在中国完成学业，拿到学位。在这个决定上，他们真的很支持我。我非常想念我的亲人，我已经10个月没有见到他们了，只能听到他们的声音，我很思念他们，我会在1月回国，我都等不及了，非常想回家"。由此可见，在与家人关系上，东南亚国家、非洲国家、中东国家、中东欧国家的来华留学生具有一定相似性。

在与同学关系方面，来华留学生具有明显的差异性。东南亚国家、中东国家、非洲国家的来华留学生喜欢和本国或相邻国家的来华留学生进行交往，寻找文化共性，与文化差异大的来华留学生交往较少。例如，受访的缅甸来华留学生认为，"我喜欢和亚洲的学生在一起，因为文化差异小，大家共性多一些。欧美人都有自己的想法，当他们认为自己对的时候，他们就坚持自己的想法，并付诸实践，不在乎周围人的看法。而亚洲人自己有想法后，会征求周围人的意见，大家一起讨论再做决定。我有时能够理解欧美人的想法，可以和他们达成一致，有时不理解，无法达成一致。虽然亚洲人和欧美人有共性，但在文化和思想上还是有很大差异的"。受访的泰国来华留学生认为，"我们班的同学按照国籍可以分为越南、泰国等。我发现亚洲同学常常在一起，比如韩国、越南、泰国的同学。虽然大家的汉语水平很好，但是文化差异大的国家的人交流起来还是有些文化障碍的。如果要分组，最好还是和泰国人一起，因为我们的想法是一样的。说到一些问题，我们会有共同的想法、共同的方向。如果和文化差异很大的国家的人一起，有些问题很难理解"。受访的利比亚来华留学生认为，"我觉得朋友应该有共同之处，有共同的想法，这样才能很快成为朋友。我有几个中国朋友，还有非洲朋友，有时我也想和其他国家的同学交朋友，特别是交更多中国朋友，但是我们有语言障碍，这种障碍非常明显。我本国的同学和我上的是一样的课程，大家有共同的看法"。受访的土耳其来华留学生认为，"我和其他国家的同学算不上朋友，但是保持友好关系。每个国家的同学有优点也有缺点，大家都小心翼翼，对彼此保持礼貌，但是我对他们的一些习俗也不理解。我们都为学习来到中国，我们都要学会接受别人的行为，即使有时觉得有些怪异。如果我求助，也会先想到向土耳其同学求助，因为我们懂彼此的语言，如果需要带东西去土耳其也方便"。

而中东欧国家的来华留学生多数认为与不同国家的人交往是有益的，是学习其他文化的良好机会。例如，受访的乌克兰来华留学生认为，"如果我和来自其他国家的学生一起讨论，我可以了解其他国家的学生如何看待一些事情，如何在他们的国家学习，我们乌克兰学生讨论时用一种方式，而法国、韩国学生讨论时用另一种方式，他们的方式虽然有些陌生，但是真的很有意思。和俄罗斯、白俄罗斯、乌克兰学生讨论虽然更容易，但没有那么有意思"。由此可见，东南亚国家、中东国家、非洲国家的来华留学生更喜欢和自己文化相近的同学交往，即亚洲国家的学生倾向于和亚洲国家的同学交往，中东国家的学生倾向于和中东国家的学生交往，非洲国家的学生倾向于和非洲国家的学生交往，体现了喜抱团、易聚集的特点。而中东欧国家的留学生更喜欢和文化差异大的学生交往，将文化差异看作重要的文化体验和学习经历。可以说，东南亚国家、中东国家、非洲国家的学生喜欢"求同"，而中东欧国家的学生更喜欢"存异"。

（三）阳刚气质与阴柔气质维度

在访谈中，阳刚气质与阴柔气质主要体现在对男女平等程度和学业竞争的看法两个方面。来华留学生在对男女平等程度的看法方面具有相似性。例如，受访的白俄罗斯来华留学生认为，"在现代社会中，承担什么角色都是每个人的选择。古代的时候，男人是主要赚钱养家的人，而女人只关心家庭和孩子。现在情况不一样，男人和女人都是平等的。女人的工资也可能比男人的高多了。另外，在大部分家庭中夫妻一起分担家务。男人甚至可以和女人一样休产假。对我来说，男人不要成为家庭妇男，这种职业不符合男人的本性。最好的办法是夫妻互相帮助。另外，社会应该给女人发展事业的空间"。受访的乌克兰来华留学生认为，"在乌克兰，有两种家庭，一种家庭有严格的规矩，女子要结婚生子，退出工作，但这是少数。大多数是女子也要工作、学习，如果她有足够的钱，她可以结婚生子，如果一个女人一无所有，就是结婚生子，也只是一名家庭妇女，没有地位。所以，在乌克兰，女子也像男子一样。有些家庭是男子当家，有些是女子当家。在我的家庭，就是女子主导家庭，现在女子可以主导家庭"。受访的越南来华留学生认为，"我们这一代男女越来越平等，女生也要工作，所以他们是相互奉献、相互帮助的。男生没有必要有车有房才能娶妻，只要男女相爱，在经济方面没有必要有车有房。我觉得人不是完美的，但是男子有自己的面子，做家务和教养孩子是女人的工作，男人可以帮助女人，但不完全是他们的事，我觉得男人应该有他们的事业。我家的家务是我妈妈也做、我爸爸也做，一起做的"。

多数来华留学生认为男性和女性在角色分工上的差别在逐渐缩小，男女在工作上虽然趋于平等，但男性依然具有优势，在生活中男性和女性的家庭地位趋于平等。例如，受访的泰国来华留学生认为，"在多数泰国家庭中，男人和女人都出去工作，都做家务，但是当人们说到家长就是指家中的父亲，很少指母亲，男人还是更有地位。大部分女人不太依靠男人，她们大部分对自己有很高的要求，比如经济独立、过好自己的生活等。在就业中，多数情况下男女是平等的，但有些行业，男生更有优势，比如军队、警察等，这些都是女人干不了的工作"。受访的缅甸来华留学生认为，"缅甸的男生也看重物质成功，希望自己在生活中能养家、养老婆。现在有些女生很独立，经济上很成功，不需要靠男生，也有些女生愿意奉献给家庭，不工作。如果我有成就了，我可以接受自己的妻子是没有工作的，她照料好家庭，做好家务就可以，同时我也可以接受自己的妻子是个事业型的女性"。受访的埃及来华留学生认为，"在埃及，有部分女子是享有自由的，但这个群体不算大，她们可以工作、开车、竞选部长，她们可以做她们想做的工作。但是有些职位是只有男人可以的，多数由男人担任"。受访的波黑来华留学生认为，"遗憾的是，男女不是拥有同等的机会。在工作面试时，女人会被问到'你有组建家庭的计划吗？'等问题，因为雇佣方知道如果女人结婚就会怀孕、生孩子，要享有产假，而且雇佣方还不能终止雇佣合同，所以这总是雇佣方关心的问题，但是对男人就没有这样的问题。这真让人难过，而且一些公司认为女人不如男人有能力。在就业这件事上，大部分工作机会还是给了男人"。

在对学业竞争的看法方面，来华留学生表现出一定的差异性。东南亚、中东留学生普遍看重学业成绩，竞争意识强，当其他同学的成绩高于自己时，容易感到压力。例如，受访的越南来华留学生认为，"如果我考试失败，我会特别失望，如果所有同学都考得好，只有自己考不好，就觉得自己不怎么样了，很失败，同时自己的父母也会失望。别的同学的成绩比我好，我会很难过，成绩比我好的同学付出也比我多。如果我出去玩，他们在家里学习，他们就是付出比我多"。受访的埃及来华留学生认为，"我觉得自己能成为尖子生，虽然中文对我来说是一门新语言，很难，但我会全力以赴。其他学生得到高分，我觉得有些嫉妒，但这是好事。我们是好朋友，一起上课，他们得高分，我觉得我也可以"。而中东欧的来华留学生竞争意识弱，认为成绩是个人的事，无须比较。例如，受访的波黑来华留学生认为，"我们有期中考试，我的朋友分数比我高，但是他的分数是他的，我的分数是我的，虽然学习成绩非常重要，但我不太在意，至少我通过了考试，我也很好。我不会嫉妒他，是因为我觉得自己只要更用功，每周学习五天，甚至周末也学习，我也能得到更高的分数"。受访的匈牙利来华留学生认为，"成绩好的人是付出多的，是能理解的。而有些人几乎是天才一样，怎么也赶不上他，比如老师讲课的时候，所有人都明白只有你不明白，个人能力不一样。认识到自己的能力就这样，做好自己就满意了。我不用任何人评价我，我自己经历过就好"。由此可见东南亚国家、中东国家的来华留学生普遍看重学业竞争，具有一定的阳刚气质倾向，而中东欧国家、非洲国家的来华留学生不看重学业竞争，具有一定的阴柔气质倾向。

（四）不确定性规避维度

在访谈中，不确定性规避维度主要体现在对职业稳定性的看法和对未来感到焦虑的程度两个方面。在对职业稳定性的看法方面，东南亚国家和中东欧国家的来华留学生多数看重职业的稳定性，将职业的稳定性作为未来选择工作的首要因素。例如，受访的俄罗斯来华留学生认为，"我希望自己将来能从事教师或翻译的工作，这些工作虽然薪水不高，但很稳定。在俄罗斯，要找这样的工作，必须有文凭。我听说在美国没有文凭，找工作有语言等技能证书也可以，但是在俄罗斯必须有文凭。如果两个人中，一个有文凭，一个没有，有文凭的人更受青睐。为了获得文凭，我需要在这里学习几年，虽然有时很难，但我会坚持"。受访的泰国来华留学生认为，"找工作时我认为稳定很重要，因为如果不稳定、辞职、开除这样的事发生在我身上，我就要重新开始，这让我很不安。如果我的工作非常稳定，在一项工作上，我就可以越做越拿手，越做越好，这是我喜欢的状态。当然，收入很高的工作对我也很有吸引力，压力大一些和有一些风险也可以承受，因为高收入的工作往往是有风险的"。受访的波黑来华留学生认为，"工作的稳定性非常重要。因为我不想承受这样的压力，我去上班，然后被告知你下周不要来了，我就不知道该怎么办了。我觉得这样是浪费时间。即使工资低一些，我也想做稳定的工作，因为我还想要组建家庭等一系列事情，我需要稳定的工作。我必须有一个稳定的工作，我想持续做一份工作。但如果一些工作是我感兴趣的，并让我挣很多钱，我也可以考虑"。而非洲国家、中东国家的来华留学生将个人兴趣和经济收入作为未来选择工作的首要因素。例如，受访的土耳其来华留学生认为，"对我来说，工作的稳定性不重要，做自己喜欢的工作更重要。几年后，觉得时机成熟了，就可以开创自己的事业。当然创业不是一件容易的事，需要有经验，还要有很高的智商，善于处理人际关系，并能获得别人的帮助"。受访的赞比亚来华留学生认为，"年轻人可以趁年轻去挣钱，按照自己的兴趣去工作，你的兴趣也能帮你挣到钱。比如你喜欢烹饪，你就可以把烹饪作为职业。干自己喜欢的事，你就很快乐，如果能挣到钱，你就更快乐。这就是我的想法"。由此可见，共建"一带一路"国家来华留学生在对职业稳定性的看法上有明显的差异，东南亚国家和中东欧国家的来华留学生喜欢追求稳定的工作，中东国家和非洲国家的来华留学生将个人喜好作为选择职业的重要因素。

在对未来感到焦虑的程度方面，中东国家和东南亚国家的来华留学生具有"人无远虑必有近忧"的思维模式，强调对未来的计划性和目标性，以避免自己对未来感到焦虑。例如，受访的越南来华留学生认为，"我们越南是有乞丐的，我朋友和我说他们骑车上班、骑车回家的时候，看到这些乞丐，觉得自己的未来也可能是这样的，所以他们每天都努力工作、努力存钱，虽然不多，但是是有准备的"。受访的缅甸来华留学生认为,"我总是想到未来,我不仅只想到未来,而且对未来有准备。我觉得做什么都应该有确定的目的,有目标,否则我会焦虑。比如我看到很多留学生,他们去留学后回国,应该比不去留学的人更优秀,但他们实际没有多好,这说明他们留学时没有计划好,不够努力,没有明确的目标"。而非洲国家和中东欧国家的来华留学生普遍将"活在当下、过好现在"作为生活准则,对未来没有太多焦虑感。例如,受访的赞比亚来华留学生认为,"对未来的看法,我认为可以考虑未来,但不必担忧未来,因为如果总是担忧未来,那今天怎么办。我觉得重要的是处理好当下的情况,因为今天我做的每个决定对未来都有帮助,我觉得与其考虑未来,不如做好今天的事,比如去上学、学习、工作、储蓄。10年或15年后社会也会变化,那时的自己和以前的自己不同,我只要做好现在的事,10年或15年后一切都会明朗了。我今天做的事就决定我的未来"。受访的俄罗斯来华留学生认为,"我们俄罗斯人不太关注未来,人们对未来感到放松,就像只有一天那样生活,有时人们甚至不想未来。比如有些年轻人甚至不上大学,因为他们觉得对未来没用,就是享受生活、享受现在"。受访的波黑来华留学生认为,"波黑人活在当下,我享受现在,并不在意明天的事。如果我有多余的钱,就会给自己买点东西。我理解中国人,考虑未来也是一种好的思维方式,希望得到安全感。但有时你也失去一些东西,你无法享受当下,你一直在为还未发生的未来而准备,我觉得应该为现在做些什么。比如,我10点有课,我就要决定是不是要去上课,如果我决定去上课,我就会8点起床,然后洗澡,让自己清醒一些,再去上课,我只想现在的事"。由上述可以看出,在不确定性规避维度上,中东国家、东南亚国家的来华留学生思维比较相近,注重稳定、计划未来,而中东欧国家、非洲国家的来华留学生注重当下,看重自己内心的想法,遵从自己的兴趣做事,两者表现出较大差异。

(五) 长期取向与短期取向维度

在访谈中,长期取向与短期取向主要体现在对传统和储蓄的看法上。在这两个方面,来华留学生都呈现不同的看法。在对传统的看法方面,东南亚国家、中东国家的来华留学生普遍认为有些传统需要改变,与时俱进,例如,受访的越南来华留学生认为,"我有些朋友认为传统比较麻烦,但是我个人觉得还是要尊重,因为祖先的习俗是要尊重的,传统是我们本身的文化,是要尊重的,但是有时太麻烦了,需要改变一下"。受访的泰国来华留学生认为,"比如说我家信佛教,我信佛教是因为我父母信佛教,我生在佛教家庭,就必须信佛教,从小被培养信仰。长大后,我的见识增长了,我不觉得佛教过时,不反对,但我在中国很少念经,学习已经够累的,还有时间背经书吗?在泰国,父母让我和他们去寺庙,我就和他们去,心里不相信,我也不说出来,不想和他们有矛盾"。受访的埃及来华留学生认为,"我觉得有些传统是过时了的,需要改变,有些需要保持。因为有些传统是我们的特质。传统来自历史,应该去其糟粕、留其精华。在埃及,重男轻女也是一个传统,很多人认为男孩比女孩更聪明、更强壮,我很讨厌这样的传统观念。但比如复活节,人们用一些鲜艳的颜色装点节日,我认为这是很好的传统"。

非洲国家和中东欧国家的留学生表示他们非常尊重本国的传统,认为传统是必不可少的。受访的利比亚来华留学生认为,"事实上,传统在非洲是非常重要的,每个国家都有传统。没有传统,一切都会出问题,因为是传统赋予人们做事的原则和纪律,人们的习俗也来自传统。但是现代文明似乎在取代传统,在非洲也是这样,因为一些文明告诉你不应该做一些事情,这使一些人发生了观念上的改变。在非洲,虽然人们接受现代文明,但依然热爱传统,因为是传统塑造了你,比如传统服饰,我有一些传统手镯,我每次戴上它们,就觉得自己回到了非洲。在非洲,人们努力保持自己的传统,因为它是人们思想中的核心"。受访的波黑来华留学生认为,"我遵从传统,心里感到非常温暖,就是我的幸福时光。比如我们波黑人有自己的节日,这时我们搞聚会,准备很多食物,邀请很多朋友来我们的聚会,这是波黑人和塞尔维亚人独有的节日。在远方工作生活的亲属,不管多远也要在这个节日回来和家人团聚,我们一起感谢上帝赐予我们的一切。也许我将来嫁给波黑人或塞尔维亚人,我们要一起享受这样的传统"。

在对储蓄的看法方面,东南亚国家、中东国家、非洲国家的来华留学生认为储蓄是积极的行为。例如,受访的泰国来华留学生认为,"我生活比较节俭,喜欢储蓄。我把自己的钱寄给我妈妈,让我妈妈帮我存钱。我妈妈常说如果会存钱,以后就会有钱,如果不存钱,以后就不会有钱。我喜欢存钱是因为我认为应该存钱,这是为了长远打算,人应该为长远打算"。受访的埃及来华留学生认为,"在储蓄上,我们和中国人差不多。因为我们会变老,生活得继续,所以我们需要储蓄,使生活保持一个好的状态。我父亲也是这样,喜欢储蓄,希望把钱留给我和我妹妹,我们喜欢把钱投资在美金和房产上"。受访的利比亚来华留学生认为,"在非洲,人们也储蓄,储蓄多数是为了为他人承担责任,因此储蓄不是生活中最重要的,还有比储蓄更重要的事,比如处理生活中的一些事情。在非洲,大部分的人储蓄不是为了个人,而是为了孩子和家庭"。

中东欧国家的来华留学生因为经历了国家的动荡或由于青年人的新观念而降低了储蓄的愿望。例如,受访的俄罗斯来华留学生认为,"在俄罗斯,曾经很多人存钱,但我觉得大部分人存的钱有限,如果你要生活,还是把花钱花在当下。例如,在苏联时期,我祖母存了很多钱,大约100万卢布,但当苏联解体了,她的钱贬值了,像纸一样不值钱了。存钱可以解决未来的问题,但是那一天也许不会到来,你为什么要存钱呢?"受访的匈牙利来华留学生认为,"年轻人更喜欢花钱而不是存钱,比如在网上买各种东西,因为他们和年龄大的人观念不同。他们认为没人知道明天会发生什么事情,今天为某件事花了钱,也许明天就会挣回来,甚至能挣大钱"。

(六) 自我放纵与自我约束维度

在访谈中,自我放纵与自我约束维度主要体现在是否以个人兴趣为就业选择的首要因素、就业选择中是否注重个人休闲时间两个方面。中东欧国家、中东国家、非洲国家的来华留学生认为个人兴趣是工作选择的首要因素，并且不愿因为工作而牺牲太多个人休闲时间。例如，受访的匈牙利来华留学生认为，"我想做自己喜欢的事，比如自由专栏作家。我对一些工作有热情，我才会去做。如果没有热情，工作就像坐牢一样难受。我一定会选择我感兴趣的工作去做，钱不是最重要的"。受访的赞比亚来华留学生认为，"钱不是最重要的标准，我选择工作时自己的感受是最重要的，如果工作令我快乐，钱是次要的。我不会选择这样的工作——压力大，繁忙，没有时间和家人在一起。虽然这样的工作钱多，但不是钱的问题，而是你用挣来的钱干什么，我挣了很多钱却没有时间花钱，这样挣钱就没用了。就是很少的钱，比如10元，我可以做自己喜欢的事，我就很珍惜，很快乐。但是那种压力大的工作，没有时间陪家人，我不会快乐的"。

东南亚国家的来华留学生比较看重经济收入，将个人兴趣放在次要位置，同时可以接受因为工作而牺牲较多的个人休闲时间，并认为维持生活比享受生活更重要。例如，受访的越南来华留学生认为，"现在我也想享受啊，但我要为未来的事情考虑！比如我找到的工作经常要去加班，我没有多少个人的时间了，但是因为我现在还很年轻，我选择这样的工作，选择加班，年轻人应该积累经验"。受访的泰国来华留学生认为，"我喜欢收入高的工作。我觉得挣钱肯定要承担风险。如果失败了，就从头来。比如毕业后我想进大公司，它会给我一个跳板，让我的简历很光鲜，但是我知道这些公司经常加班。我生活中的运动、社交就会减少，我觉得有些枯燥，但也可以忍受"。

通过对访谈记录的分析，编码采用 Glaser 和 Strauss 的"扎根"方法进行由下至上的归纳分析，通过开放式登录、关联式登录、核心式登录三级编码，提取高频词，发现和建立概念类属之间的联系，具体如表4-4所示。

表 4-4　来华留学生文化价值观访谈提及词统计

单位：次

文化维度	开放式编码及其出现的频次
权力距离	尊重老师（12）权威（8）服从父母（7）
集体主义与个人主义	和家人亲密（12）家人支持（8）文化差异（8）共同想法（7）
阳刚气质与阴柔气质	男女平等（15）成绩优秀（8）竞争（7）压力（5）优等生（5）
不确定性规避	工作稳定（11）未来（11）焦虑（10）
长期取向与短期取向	传统（13）改变（7）储蓄存钱（11）
自我放纵与自我约束	收入（10）兴趣（9）个人时间（8）

一般认为，内容分析中编码一致性必须大于 0.80，达到 0.85 以上较好，若大于 0.90 则为非常理想水平（汪洁，2009）。三位编码人员对来华留学生文化价值观的编码一致性均在 0.80 以上，表明信度良好（见表 4-5）。

表 4-5　来华留学生文化价值观访谈编码一致性检验

文化价值观维度	编码要素	编码一致性程度
权力距离	对师生平等的看法、父母与子女关系的平等程度	0.830
集体主义与个人主义	与家人关系、与同学关系	0.842
阳刚气质与阴柔气质	对男女平等程度、学业竞争的看法	0.823
不确定性规避	对职业稳定性的看法、对未来感到焦虑的程度	0.856
长期取向与短期取向	对储蓄、传统的看法	0.836
自我放纵与自我约束	感兴趣的工作、个人休闲时间	0.811

在对所有访谈进行分析的基础上，笔者将前面章节形成的理论图式进一步概念化，构建分析框架来解释来华留学生文化价值观差异对趋同化教学管理的影响，如图 4-1 所示。

三　基于访谈分析的问卷设计

在进行问卷设计时，研究人员应充分考虑问卷是否适合自己研究的问题。研究人员在设计问卷时，常常面临两种选择，即沿用已有量表和

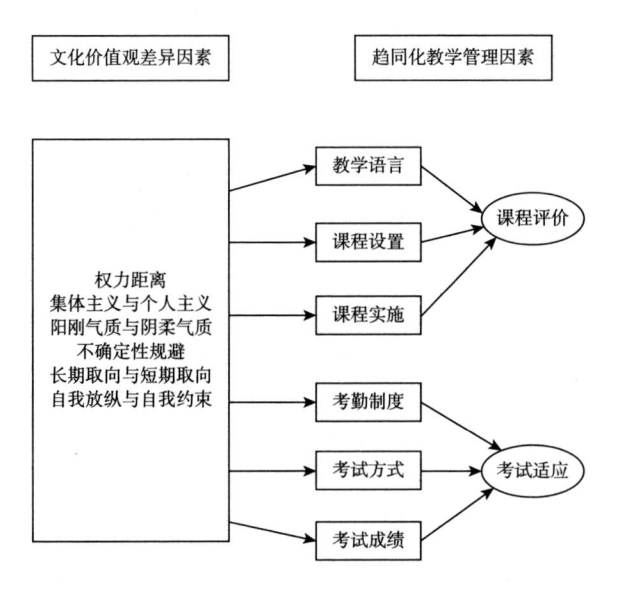

图 4-1　来华留学生文化价值观差异对趋同化教学管理的影响分析

自行设计量表。这两种途径都有各自的优势和局限性。已有量表，特别是一些具有坚实理论基础的量表，往往具有良好的信度和效度。已有量表存在的局限性主要表现为在概念、文化和样本上对现有研究的适用性不确定，特别是东西方不同的文化、背景、语言对量表适用性的影响。当现有量表不能满足研究的需要时，需要研究者根据研究目的和研究中涉及的概念自行开发量表。本章主要围绕来华留学生的文化价值观差异对趋同化教学管理的影响展开分析，因此量表内容主要涉及两个方面，一是趋同化教学管理，二是文化价值观。趋同化教学管理在量表开发上尚属空白，需要笔者自行开发量表。量表中文化价值观部分借鉴霍夫斯泰德创立的文化维度理论模型，但需要笔者根据研究目的对模型相关题项进行较大的调整，因此，笔者采用自行开发量表和借鉴并修订已有量表两种途径相结合的方式。

来华留学生对趋同化教学管理的直观感受主要体现在课程评价和考试适应两个方面，其中课程评价包括教学语言、课程设置、课程实施三个维度，考试适应包括考勤制度、考试方式、考试成绩三个维度。本书根据这几个维度形成具体问卷题项，用于调查来华留学生在趋同化教学管理下感受的题项为 9 项（见表 4-6）。

表 4-6　在趋同化教学管理下来华留学生感受的题项

调查维度		调查题项
课程评价	教学语言	Q7 理解教师授课时采用的教学语言 Q8 具有课堂交流的语言能力
	课程实施	Q9 喜欢互动式教学方法的课程 Q10 喜欢有最新教学资源的课程
	课程设置	Q11 设置对我的专业学习有帮助的课程 Q12 设置符合我学习兴趣的课程
考试适应	考勤制度	Q13 按时出勤上课对我的学业很重要
	考试方式	Q14 考试方式对我的学业很重要
	考试成绩	Q15 考试成绩对我的学业很重要

上述 9 个题项反映了趋同化教学管理下来华留学生在课程和考试两个方面的感受和体验。对来华留学生课程评价的调查主要体现在教学语言、课程实施、课程设置上，对来华留学生考试适应的调查主要体现在考勤制度、考试方式、考试成绩上。来华留学生对趋同化教学管理下的课程和考试的不同感受来自他们持有的不同文化价值观，因此要挖掘来华留学生在趋同化教学管理下体验差异的原因，就要从来华留学生文化价值观的差异入手，探索来华留学生文化价值观差异对趋同化教学管理的影响。基于访谈编码要素和六个文化维度，笔者形成来华留学生文化价值观问卷题项。笔者将调查问题编制成双语问卷，问卷共有 16 项问题，如表 4-7 所示。

表 4-7　问卷问题与文化维度对应

序号	文化维度	对应问卷问题
1	权力距离	Q1 一个让你尊重的老师
		Q2 当老师的决定涉及你的学习时，他或她会咨询你的意见
		Q17 父母允许我提出不同的看法

续表

序号	文化维度	对应问卷问题
2	集体主义与个人主义	Q5 你的学习受到你的朋友和家人的支持
		Q6 与本国同学一起学习
		Q19 和家人保持密切关系
3	阳刚气质与阴柔气质	Q3 表现优良时获得荣誉或奖学金
		Q4 成为班级中的优等生
		Q21 选择高工资
		Q24 男女有平等的工作机会
4	不确定性规避	Q22 选择稳定的工作
		Q25 你经常感到焦虑不安吗
5	长期取向与短期取向	Q18 遵从本国传统
		Q20 储蓄存钱
6	自我放纵与自我约束	Q16 留有自由娱乐的时间
		Q23 选择自己感兴趣的工作

本次问卷关于文化价值观的问题为16项，趋同化教学管理的问题为9项，共25项，人口统计学的问题为4项，调查问卷初始版本总计29个问题。

四 问卷的信度和效度检验

由于笔者的研究焦点是趋同化教学管理下来华留学生对课程的评价和对考试的适应，因此笔者选择了已经实施了趋同化管理的5所高校的来华留学生作为调查对象。这5所高校对来华留学生都采用了"多职能部门+二级学院管理"的模式，来华留学生除了短期班之外，多数本科生、研究生、进修生、交换生按照来华留学生所学专业、年级层次，和中国学生混合编班，实施趋同化教学管理。由于来华留学生中本科生占比较大，所以本次调查主要集中在本科班级。笔者通过与5所高校教务处的工作人员联系，说明本次调查的目的和方法，在他们的帮助下，筛选出中外学生混班授课的教学班共计205个，剔除一些不符合研究样本要求的班级，如班级中的多数留学生来自美国、韩国、德国、法国、日本等非共建"一带一路"国家或是班级中的来华留学生人数较少，笔者最终确定向62个班中的来华留学生发放问卷，共发放问卷2490份，回收680份，回收率为27.3%，剔除无效问卷48份，收到有效问卷最终为632份。提交问卷的学生主要是东南亚国家、中东国家、中东欧国家和非洲国家的来华留学生。笔者对参加问卷调查的来华留学生性别和年龄情况分别进行了统计，结果如表4-8、表4-9所示。

表4-8 参加问卷调查的来华留学生性别情况统计

单位：个，%

	性别	频数	百分比	有效百分比	累计百分比
有效	男	236	37.3	37.3	37.3
	女	396	62.7	62.7	100.0
	总计	632	100.0	100.0	

表4-9 参加问卷调查的来华留学生年龄情况统计

单位：个，%

	年龄	频数	百分比	有效百分比	累计百分比
有效	小于21岁	122	19.3	19.3	19.3
	21~25岁	403	63.8	63.8	83.1
	26~30岁	77	12.2	12.2	95.3
	30岁以上	30	4.7	4.7	100.0
	总计	632	100.0	100.0	

将此次调查数据输入SPSS 25.0，对25个题项进行信度检验，克隆巴赫系数为0.912，信度良好。将本次调查数据对25个题项进行主成分因子分析，KMO值为0.922，并且显著性水平为0.000，KMO值大于0.6，显著性水平小于0.05，说明这25个题项效度良好且内部具有一定聚合性，适合进行因子分析（见表4-10、表4-11）。

表 4-10　量表信度检验

可靠性统计	
克隆巴赫 Alpha	项数
0.912	25

表 4-11　量表 KMO 和巴特利特检验

KMO 和巴特利特检验		
KMO 取样适切性量数		0.922
巴特利特球形度检验	近似卡方	7389.351
	自由度	300
	显著性	0.000

本次调查问卷包括两部分，第一部分是来华留学生在趋同化教学管理下参加课程和考试的感受，第二部分是来华留学生的文化价值观差异。第一部分题项是通过"扎根"方法对访谈资料进行由下至上的归纳分析，建立了9个题项，总结了课程评价、考试适应2个潜变量，在 SPSS 软件中进行探索性因子分析。第二部分根据文化维度理论模型对访谈资料编码提取关键词，建立了16个题项，包括权力距离、集体主义与个人主义、阳刚气质与阴柔气质、不确定性规避、长期取向与短期取向、自我放纵与自我约束6个潜变量，在 AMOS 中进行验证性因子分析。

五　问卷的探索性因子分析

笔者对趋同化教学管理的9个题项进行探索性因子分析，验证课程评价和考试适应2个维度划分是否合理。将本次调查数据对与趋同化教学管理相关的9个题项进行主成分因子分析，发现 KMO 值大于 0.6，显著性水平小于 0.05，说明这9个题项效度良好，并且题项内部具有聚合性，适合进行因子分析（见表 4-12）。

表 4-12　与趋同化教学管理相关的 9 个题项的 KMO 检验

KMO 和巴特利特检验		
KMO 取样适切性量数		0.895
巴特利特球形度检验	近似卡方	2397.688
	自由度	36
	显著性	0.000

通过对 9 个题项的公因子方差提取和总方差的解释，可以看出 9 个题项可以划分为 2 个维度，并符合课程评价和考试适应 2 个潜变量的归类，6 个问题归为课程评价维度，3 个问题归为考试适应维度（见表 4-13、表 4-14 和表 4-15）。

表 4-13　与趋同化教学管理相关的 9 个题项的公因子方差

题项	初始	提取
Q7 理解教师授课时采用的教学语言	1.000	0.624
Q8 具有课堂交流的能力	1.000	0.727
Q9 喜欢互动式教学方法的课程	1.000	0.609
Q10 喜欢有最新教学资源的课程	1.000	0.674
Q11 设置对我的专业学习有帮助的课程	1.000	0.652
Q12 设置符合我学习兴趣的课程	1.000	0.658
Q13 按时出勤上课对我的学业很重要	1.000	0.688
Q14 考试方式对我的学业很重要	1.000	0.717
Q15 考试成绩对我的学业很重要	1.000	0.690

表 4-14　与趋同化教学管理相关的 9 个题项的总方差解释

成分	初始特征值			提取载荷平方和			旋转载荷平方和		
	总计	方差百分比（%）	累计百分比（%）	总计	方差百分比（%）	累计百分比（%）	总计	方差百分比（%）	累计百分比（%）
1	4.535	50.393	50.393	4.535	50.393	50.393	3.069	34.105	34.105
2	1.005	11.163	61.556	1.005	11.163	61.556	2.471	27.451	61.556

续表

成分	初始特征值			提取载荷平方和			旋转载荷平方和		
	总计	方差百分比（%）	累计百分比（%）	总计	方差百分比（%）	累计百分比（%）	总计	方差百分比（%）	累计百分比（%）
3	0.869	9.656	71.212						
4	0.605	6.725	77.937						
5	0.481	5.342	83.279						
6	0.460	5.116	88.395						
7	0.397	4.407	92.802						
8	0.356	3.954	96.756						
9	0.292	3.243	100.00						

注：提取方法为主成分分析法。

表 4-15 旋转后的成分矩阵

题项	成分	
	1	2
Q7 理解教师授课时采用的教学语言	0.627	
Q8 具有课堂交流的能力	0.848	
Q9 喜欢互动式教学方法的课程	0.663	
Q10 喜欢有最新教学资源的课程	0.771	
Q11 设置对我的专业学习有帮助的课程	0.774	
Q12 设置符合我学习兴趣的课程	0.680	
Q13 按时出勤上课对我的学业很重要		0.712
Q14 考试方式对我的学业很重要		0.847
Q15 考试成绩对我的学业很重要		0.651

注：提取方法为主成分分析法，旋转方法为最大方差法。

通过最大方差法，并排除绝对值小于 0.6 的小系数，得到旋转后的成分矩阵，可以看出"理解教师授课时采用的教学语言""具有课堂交流的能力""喜欢互动式教学方法的课程""喜欢有最新教学资源的课程""设置对我的专业学习有帮助的课程""设置符合我学习兴趣的课程"归为课程评价维度，"按时出勤上课对我的学业很重要""考试方式对我的学业很重要""考试成绩对我的学业很重要"归为考试适应维度。上述探索性因子分析验证了来华留学生的课程评价和考试适应是趋同化教学管理中的重要内容。来华留学生的课程评价主要体现在教学语言、课程实施和课程设置方面，不同的教学语言、课程实施和课程设置直接影响来华留学生的学习体验，使得对同一课程来华留学生的评价有明显差异。来华留学生的考试适应主要体现在考勤制度、考试方式和考试成绩方面，来华留学生对参加同样考试的评价有明显差异。由此可见，课程和考试是趋同化教学管理下"同中有异"不可忽视的因素。

六 问卷的验证性因子分析

本次调查问卷的第二部分是关于来华留学生的文化价值观差异。来华留学生的文化价值观差异调查是借鉴霍夫斯泰德的6个文化维度，根据来华留学生在学习经历、生活经历方面的访谈编码，形成了16个题项。6个文化维度包括"权力距离""集体主义与个人主义""阳刚气质与阴柔气质""不确定性规避""长期取向与短期取向""自我放纵与自我约束"。由于6个文化维度是借鉴前人的理论模型，本章拟采用结构方程模型技术对本理论模型进行验证性因子分析。

通过验证性因子分析，可以判断观察变量和潜变量之间的假设关系是否与数据吻合。如果验证性因子分析的结果显示假设是正确的，即某些观察变量可以用来测量同一潜变量，则说明量表具有聚合效度（陈晓萍、沈伟，2008）。为了确认6个文化维度的结构模型对测量来华留学生文化价值观的信度和效度，本章通过建立结构方程模型，对632个有效样本进行针对整体模型全部测量项目的验证性因子分析。AMOS具有图形界面操作直观的优点，因此笔者选用AMOS 22.0作为结构方程工具软件进行数据处理。笔者从标准化回归系数、平均方差抽取率、区分效度3个方面来进一步衡量文化价值观调查问卷的信度和效度。其中标准化回归系数（标准化因素负荷量）表示测量条款对变量的影响力，若因素负荷量介于0.50~0.95，则说明整体模型的基本适配度良好，因素负荷量越大，表示该测量条款能更有效反映其测量的变量性质（吴明隆，2010）。平均方差抽取率（Average Variance Extracted，AVE）指的是潜变量所解释的变异量中有多少来自指标变量。作为模型内在质量的判断标准之一，平均方差抽取率越大，表示指标变量可解释潜变量的程度越高。若潜变量的平均方差抽象率大于0.50，则表示模型的内部质量很好（荣泰生，2009）。区分效度是指各个潜变量之间具有一定的相关性，且彼此之间又有一定的区分度，如相关性系数绝对值小于0.50，且均小于所对应的AVE的平方根。将来华留学生文化价值观题项进行验证性因子分析，通过对6个潜变量及相应观察变量的模型建构，验证性因子分析结果如图4-2所示。

如图4-2所示，多数测量条款的标准化因素负荷量在0.50以上，标准化因素负荷量未达到0.50的有Q6、Q17、Q19、Q24、Q25、Q18这6个题项，为提高此模型的整体拟合效果，笔者对模型进行修正，删除Q17、Q19、Q24题项，这些题项标准化因素负荷量与0.50差距较大，同时由于"不确定性规避"维度的两个题项的标准化因素负荷量都不高，因此将这一维度的两个题项Q22和Q25删除，去除"不确定性规避"维度，保留5个维度，共11个题项，如图4-3所示。

由图4-3可知，保留下来的5个维度，11个题项基本达到标准化因素负荷量在0.50以上，并通过模型修正，将Q21从"阳刚气质与阴柔气质"维度调整到"自我放纵与自我约束"维度。从标准化回归系数、平均方差抽取率、区分效度3个方面，对来华留学生文化价值观相关题项进行验证性因子分析的整体拟合系数如表4-16所示。

表4-16 整体拟合系数

χ^2/df	RMSEA	GFI	CFI	RFI	IFI
1.68	0.079	0.956	0.940	0.882	0.941

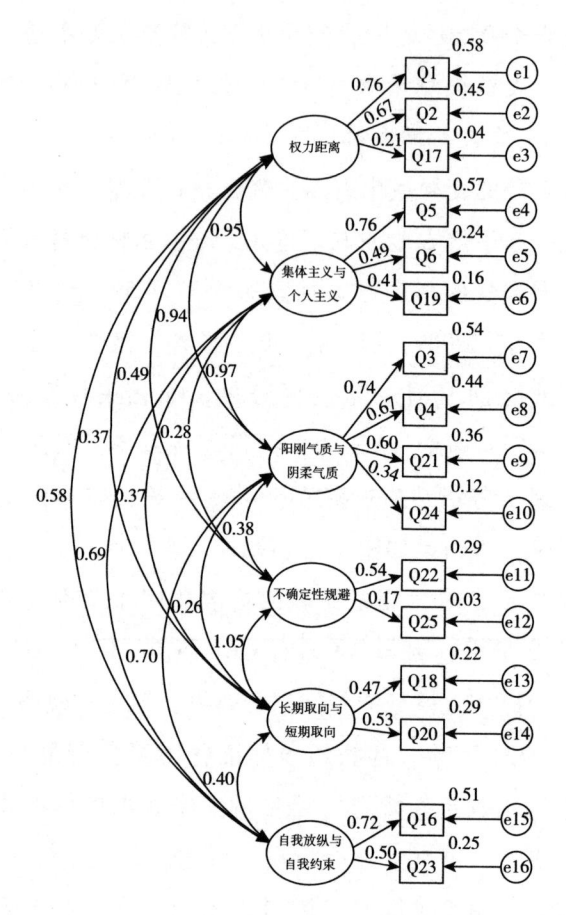

图 4-2 来华留学生文化价值观题项验证性因子分析结果

由表 4-16 可知，χ^2/df 的值为 1.68，小于 3，适配理想；RMSEA 为 0.079，小于 0.08，适配良好；GFI 为 0.956，大于 0.90，结果适配良好；RFI 为 0.882，接近 0.90，结果适配良好；CFI 为 0.940，大于 0.90，结果适配良好；IFI 为 0.941，大于 0.90，结果适配良好；综合来看，权力距离、集体主义与个人主义、阳刚气质与阴柔气质、长期取向与短期取向、自我放纵与自我约束整体的模型适配良好，其因子荷载如表 4-17 所示。

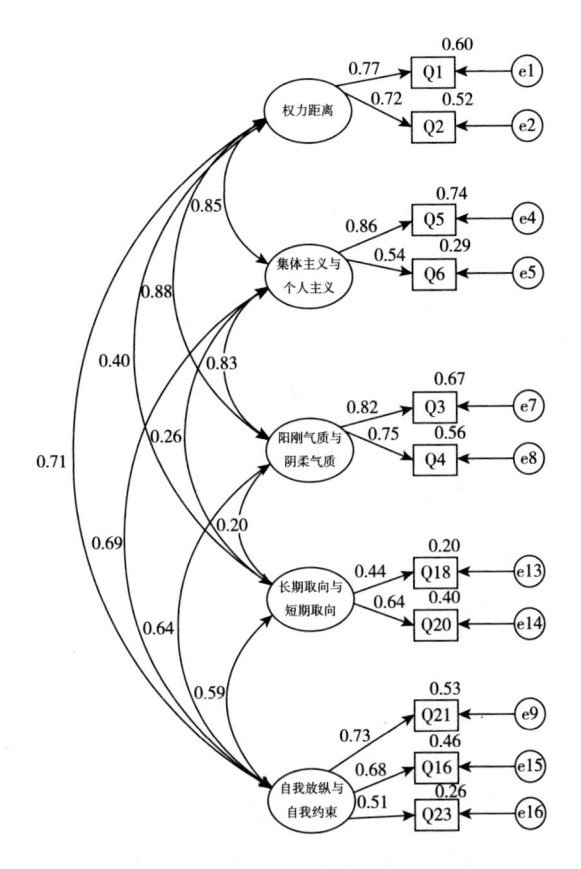

图 4-3　来华留学生文化价值观题项验证性因子分析模型修正（一）

表 4-17　因子荷载

路径			Estimate	AVE	CR
Q1	←	权力距离	0.773	0.56	0.72
Q2	←	权力距离	0.718		
Q5	←	集体主义与个人主义	0.860	0.52	0.67
Q6	←	集体主义与个人主义	0.541		
Q3	←	阳刚气质与阴柔气质	0.817	0.62	0.77
Q4	←	阳刚气质与阴柔气质	0.751		
Q18	←	长期取向与短期取向	0.443	0.30	0.46
Q20	←	长期取向与短期取向	0.64		

续表

路径			Estimate	AVE	CR
Q16	←	自我放纵与自我约束	0.680	0.42	0.68
Q23	←	自我放纵与自我约束	0.505		
Q21	←	自我放纵与自我约束	0.730		

由表4-17可知，权力距离、集体主义与个人主义、阳刚气质与阴柔气质、自我放纵与自我约束4个潜变量对应多数题项的因子荷载均大于0.50，对应少数题项的因子荷载接近0.50，说明各个潜变量对应的所属题项具有较高的代表性，并且各个潜变量的平均方差抽取率均大于或接近0.50，且组合信度CR或大于0.70或接近0.70，说明聚敛效度理想。长期取向与短期取向对应两个题项，其中一个题项因子荷载为0.639，大于0.50，另一个题项因子荷载为0.443，小于0.50，说明这个题项对长期取向与短期取向变量不具有很好的代表性，长期取向与短期取向的平均方差抽取率只有0.30，小于0.50，且组合信度CR只有0.46，小于0.70，说明聚敛效度不理想。因此，笔者对模型进行再次修正，删除长期取向与短期取向对应的两个题项，同时删除长期取向与短期取向这个潜变量，保留4个潜变量和对应的9个题项，分别为Q1、Q2、Q3、Q4、Q5、Q6、Q16、Q21、Q23，并再次进行4个潜变量的模型建造和验证性因子分析（见图4-4）。

由图4-4可知，保留下来的4个维度9个题项中有8个题项标准化因素负荷量在0.50以上，Q23的标准化因素负荷量为0.46，接近0.50。从标准化回归系数、平均方差抽取率、区分效度方面对9个相关题项进行验证性因子分析的整体拟合系数如表4-18所示。

表4-18　整体拟合系数

χ^2/df	RMSEA	GFI	CFI	RFI	IFI
1.59	0.061	0.965	0.975	0.941	0.975

由表4-18可知，模型整体适配指标有所提升。χ^2/df的值为1.59，

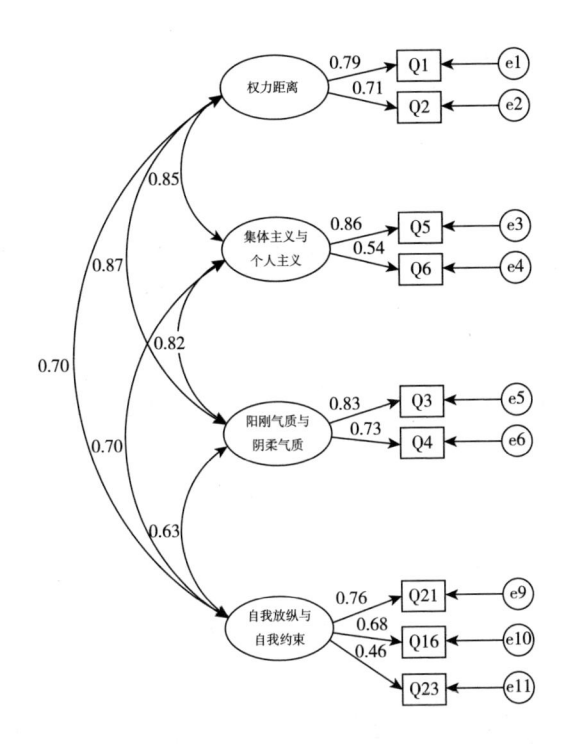

图 4-4　来华留学生文化价值观题项验证性因子分析模型修正（二）

小于 3，适配理想；RMSEA 由 0.079 降至 0.061，小于 0.08，接近 0.05，适配良好；GFI 由 0.956 上升为 0.965，大于 0.90，结果适配良好；RFI 由 0.882 上升为 0.941，大于 0.90，结果适配良好；CFI 由 0.940 上升至 0.975，大于 0.90，结果适配良好；IFI 由 0.941 上升至 0.975，大于 0.90，结果适配良好。因此，权力距离、集体主义与个人主义、阳刚气质与阴柔气质、自我放纵与自我约束 4 个潜变量整体的模型适配良好。下面从因子荷载层面进行分析（见表 4-19）。

表 4-19　因子荷载

路径			Estimate	AVE	CR
Q1	←	权力距离	0.785	0.56	0.72
Q2	←	权力距离	0.707		

续表

路径			Estimate	AVE	CR
Q5	←	集体主义与个人主义	0.860	0.52	0.67
Q6	←	集体主义与个人主义	0.542		
Q3	←	阳刚气质与阴柔气质	0.826	0.61	0.76
Q4	←	阳刚气质与阴柔气质	0.732		
Q16	←	自我放纵与自我约束	0.682	0.42	0.68
Q23	←	自我放纵与自我约束	0.463		
Q21	←	自我放纵与自我约束	0.755		

由表4-19可知，权力距离、集体主义与个人主义、阳刚气质与阴柔气质3个潜变量对应多数题项的因子荷载均大于0.50，自我放纵与自我约束对应少数题项的因子荷载接近0.50，说明各个潜变量对应所属题项具有较高的代表性，并且各个潜变量的平均方差抽取率均大于或接近0.50，组合信度CR或大于0.70或接近0.70，说明聚敛效度理想。

由表4-20可知，权力距离、集体主义与个人主义、阳刚气质与阴柔气质、自我放纵与自我约束之间均具有显著相关性（p<0.01），相关性系数绝对值均小于0.50，且均小于所对应的AVE平方根，说明各个潜变量之间具有一定相关性，且彼此之间又有一定区分度。

表4-20　区分效度

	权力距离	集体主义与个人主义	阳刚气质与阴柔气质	自我放纵与自我约束
权力距离	0.56			
集体主义与个人主义	0.062***	0.52		
阳刚气质与阴柔气质	0.058***	0.055***	0.61	
自我放纵与自我约束	0.054***	0.054***	0.047***	0.42
AVE平方根	0.75	0.72	0.79	0.65

注：*** 代表 p 值小于 0.01。

经过探索性因子分析，笔者提取了影响趋同化教学管理的课程评价和考试适应两个因子。现将对两个因子涉及的 9 个题项进行检验，建立结构方程模型，并对 632 个有效样本进行针对整体模型全部测量项目的验证性因子分析。本书选用 AMOS 22.0 作为结构方程软件进行数据处理。笔者从标准化回归系数、平均方差抽取率两个方面来进一步衡量 9 个题项的信度和效度。对趋同化教学管理的 9 个题项进行验证性因子分析，通过对两个潜变量及相应观察变量的模型建构，验证性因子分析结果如图 4-5 所示。

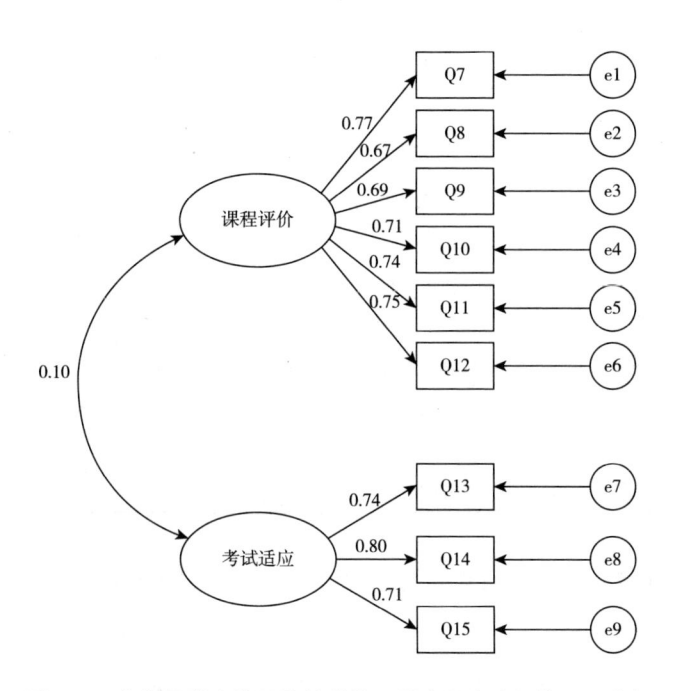

图 4-5 来华留学生趋同化教学管理影响因素验证性因子分析

如图 4-5 所示，测量条款的标准化因素负荷量均超过 0.60，多数为 0.70 以上，说明模型的拟合度和适配度较好，适于进一步分析该模型的平均方差抽取率和区分效度。该模型整体拟合系数、因子荷载如表 4-21 和表 4-22 所示。

表 4-21　整体拟合系数

χ^2/df	RMSEA	GFI	CFI	RFI	IFI
1.456	0.079	0.932	0.928	0.854	0.928

由表 4-21 可知，χ^2/df 的值为 1.456，小于 3，适配理想；RMSEA 为 0.079，小于 0.08，适配理想；RFI 为 0.854，接近 0.90，结果适配良好；GFI 为 0.932，大于 0.90，结果适配良好；CFI 为 0.928，大于 0.90，结果适配良好；IFI 为 0.928，大于 0.90，结果适配理想。综合来看，以课程评价和考试适应两个潜变量构建的模型适配良好。

表 4-22　因子荷载

路径			Estimate	AVE	CR
Q7	←	课程评价	0.766		
Q8	←	课程评价	0.670		
Q10	←	课程评价	0.713	0.52	0.86
Q11	←	课程评价	0.739		
Q9	←	课程评价	0.689		
Q12	←	课程评价	0.746		
Q13	←	考试适应	0.735		
Q14	←	考试适应	0.797	0.56	0.79
Q15	←	考试适应	0.713		

由表 4-22 可知，课程评价、考试适应两个潜变量对应题项的因子荷载均大于 0.70 或接近 0.70，说明各个潜变量对应的所属题项具有较高的代表性，另外各个潜变量的平均方差抽取率均大于 0.50，且组合信度 CR 大于 0.70，说明聚敛效度良好。

通过上述验证性因子分析，笔者确定"课程评价"和"考试适应"在问卷中最终对应 9 个题项，文化价值观变量最终对应 9 个题项，据此形成完整问卷最终版，共计 18 个题项，再加上人口统计学 4 个题项，总计 22 个题项。详见附录 A。

由此可见，来华留学生文化价值观问卷包括 4 个变量，即权力距离、集体主义与个人主义、阳刚气质与阴柔气质、自我放纵与自我约束，趋同化教学管理包括两个变量，即课程评价和考试适应。要检验来华留学生文化价值观是否对趋同化教学管理产生影响，本书首先对各个变量进行了相关性分析，判断各个变量之间是否存在显著关系。笔者采用 SPSS 25.0 对权力距离、集体主义与个人主义、阳刚气质与阴柔气质、自我放纵与自我约束 4 个文化价值观变量与课程评价和考试适应两个趋同化教学管理变量进行计算，得到各个变量的均值，以此进行相关性分析，结果如表 4-23 和表 4-24 所示。

表 4-23　课程评价与 4 个文化价值观变量的相关性

	均值	标准差	课程评价	sig.（双尾）
课程评价	2.2690	0.98545	1	—
权力距离	2.2373	1.04373	0.693**	0.000
集体主义与个人主义	2.4343	1.03545	0.438**	0.000
阳刚气质与阴柔气质	2.2785	0.98803	0.534**	0.000
自我放纵与自我约束	2.2966	0.93865	0.841**	0.000

注：** 在 0.01 级别（双尾），相关性显著。

由表 4-23 可知，趋同化教学管理下来华留学生的课程评价与其文化价值观中的权力距离、集体主义与个人主义、阳刚气质与阴柔气质、自我放纵与自我约束有显著相关性。

表 4-24　考试适应与 4 个文化价值观变量的相关性

	均值	标准差	教学方法	sig.（双尾）
考试适应	2.3117	0.89025	1	—
权力距离	2.2373	1.04373	0.596**	0.000
集体主义与个人主义	2.4343	1.03545	0.389**	0.000
阳刚气质与阴柔气质	2.2785	0.98803	0.472**	0.000
自我放纵与自我约束	2.2996	0.93865	0.752**	0.000

注：** 在 0.01 级别（双尾），相关性显著。

由表 4-24 可知，趋同化教学管理下来华留学生的考试适应与其文化价值观中的权力距离、集体主义与个人主义、阳刚气质与阴柔气质、自我放纵与自我约束有显著相关性。为进一步研究来华留学生文化价值观变量对趋同化教学管理变量产生的影响,本书对这些变量进行了回归分析。

本书采用 SPSS 25.0,通过线性回归分析探究来华留学生文化价值观变量对趋同化教学管理变量产生的影响。由于这些变量相关程度呈显著性,本书进行来华留学生文化价值观变量对趋同化教学管理中的课程评价变量的回归分析,结果如表 4-25 和表 4-26 所示。

表 4-25　权力距离、集体主义与个人主义、阳刚气质与阴柔气质、自我放纵与自我约束和课程评价的线性回归模型参数

模型	R 方	调整后 R 方	标准估算的错误	D-W	F
1	0.719	0.717	0.52431	1.723	400.506

表 4-26　权力距离、集体主义与个人主义、阳刚气质与阴柔气质、自我放纵与自我约束和课程评价的线性回归模型

模型		未标准化系数 B	标准错误	标准化系数 Beta	t	显著性
1	(常量)	0.225	0.062		3.609	0.000
	权力距离	0.163	0.033	0.173	4.960	0.000
	集体主义与个人主义	0.035	0.027	0.037	1.326	0.185
	阳刚气质与阴柔气质	0.093	0.034	0.094	2.744	0.006
	自我放纵与自我约束	0.769	0.034	0.733	22.422	0.000

注:因变量为课程评价。

由表 4-25 和表 4-26 可知,除集体主义与个人主义变量($p>0.05$)外,权力距离、阳刚气质与阴柔气质、自我放纵与自我约束变量($p<0.05$)模型通过显著性检验,调整后 R 方是 0.717,表明模型对数据具有较好的解释性,说明权力距离、阳刚气质与阴柔气质、自我放纵与自我约束变量对课程评价变量具有显著影响。由上述回归模型可知,文化价值观变量对趋同化教学管理下的课程评价变量产生了影响(见图 4-6)。

下面本书将进行来华留学生文化价值观变量对趋同化教学管理中来

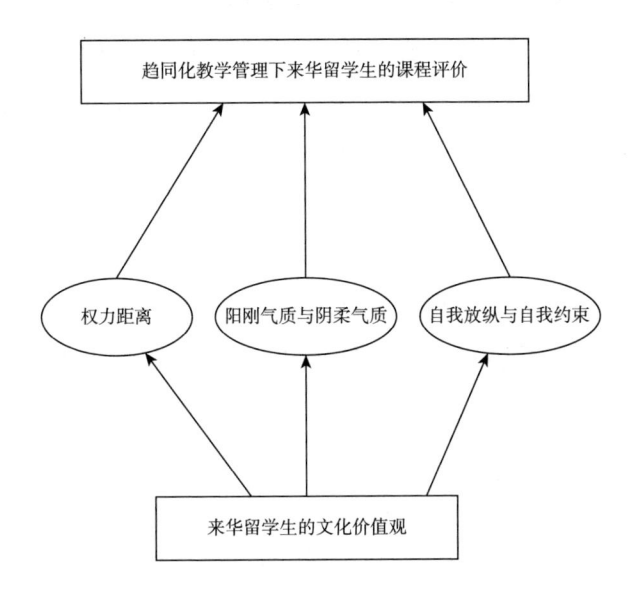

图 4-6　来华留学生文化价值观变量对趋同化教学管理下课程评价变量的影响

华留学生的考试适应的影响分析，结果如表 4-27 和表 4-28 所示。

表 4-27　权力距离、集体主义与个人主义、阳刚气质与阴柔气质、自我放纵与自我约束和考试适应的线性回归模型参数

模型	R 方	调整后 R 方	标准估算的错误	D-W	F
1	0.569	0.566	0.58660	1.884	206.586

表 4-28　权力距离、集体主义与个人主义、阳刚气质与阴柔气质、自我放纵与自我约束和考试适应的线性回归模型

模型		未标准化系数 B	标准错误	标准化系数 Beta	t	显著性
1	（常量）	0.664	0.070		9.517	0.000
	权力距离	0.081	0.037	0.095	2.197	0.028
	集体主义与个人主义	0.019	0.030	0.022	0.619	0.536
	阳刚气质与阴柔气质	0.067	0.031	0.054	2.156	0.031
	自我放纵与自我约束	0.665	0.038	0.690	17.061	0.000

注：因变量为考试适应。

由表 4-27 和表 4-28 可知，除了集体主义与个人主义变量（p>0.05），权力距离、阳刚气质与阴柔气质、自我放纵与自我约束变量（p<0.05）模型通过显著性检验，调整后 R 方是 0.566，表明模型对数据具有较好的解释性，说明权力距离、阳刚气质与阴柔气质、自我放纵与自我约束变量对趋同化教学管理中的考试适应具有显著影响。由上述线性回归模型分析可知，权力距离、阳刚气质与阴柔气质、自我放纵与自我约束对趋同化教学管理下来华留学生对考试的适应有显著影响，表明来华留学生的文化价值观变量对趋同化教学管理下的考试适应变量产生了影响（见图 4-7）。

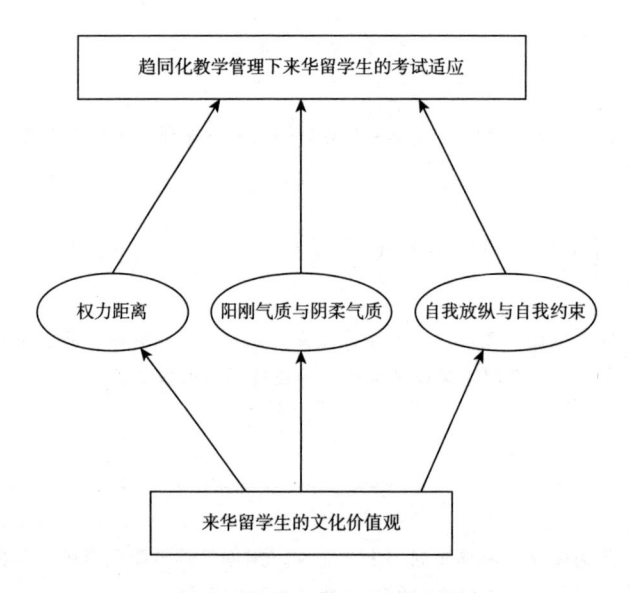

图 4-7　来华留学生文化价值观变量对趋同化教学管理中考试适应变量的影响

由上述线性回归模型分析可知，权力距离、阳刚气质与阴柔气质、自我放纵与自我约束对趋同化教学管理下来华留学生的课程评价和考试适应有显著影响，表明来华留学生的文化价值观因素对趋同化教学管理产生了影响。总之，来华留学生的文化价值观归为三个变量，分别为权力距离、阳刚气质与阴柔气质、自我放纵与自我约束，这三个变量分别对趋同化教学管理下来华留学生对课程的评价和考试的适应有显著影响，表明来华留学生的文化价值观变量对趋同化教学管理变量具有影响（见图4-8）。

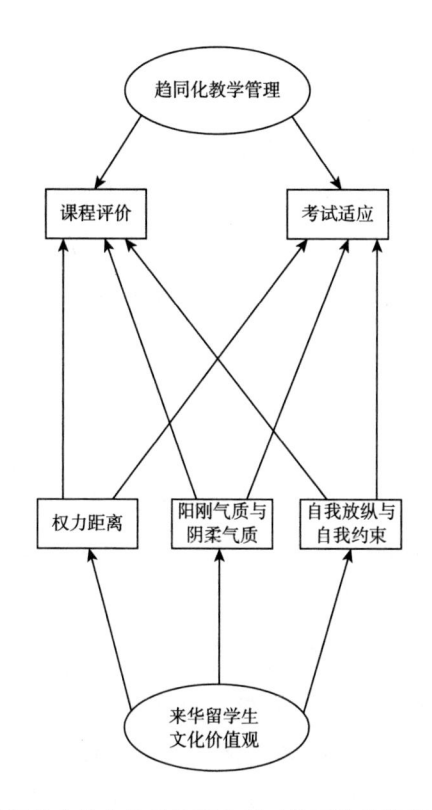

图 4-8　来华留学生的文化价值观变量对趋同化教学管理变量的影响

通过分析来华留学生的访谈和调查问卷，笔者提取了趋同化教学管理和文化价值观两个层面上的变量。一是基于来华留学生在趋同化教学管理下参加课程和考试的感性经验，形成了"课程评价"和"考试适应"两个变量。二是通过建立结构方程模型，对六个文化维度变量进行验证，删除两个无效变量，保留四个变量，即"权力距离""集体主义与个人主义""阳刚气质与阴柔气质""自我放纵与自我约束"。笔者经过相关性和回归性分析探究了来华留学生文化价值观的四个变量是否对"课程评价"和"考试适应"有影响，发现"权力距离""阳刚气质与阴柔气质""自我放纵与自我约束"三个变量对"课程评价"和"考试适应"有显著影响。

  本章主要阐述了问卷的设计和检验，包括访谈设计、访谈编码、问卷的探索性因子分析、问卷的验证性因子分析等。该问卷的对象是在已实施趋同化管理高校中学习的共建"一带一路"国家来华留学生，问卷内容包括两个部分，第一部分是关于趋同化教学管理，第二部分是关于来华留学生的文化价值观。本书着重探索趋同化教学管理下来华留学生的课程评价和考试适应。通过调查，笔者发现来华留学生在趋同化教学管理下的课程评价和考试适应具有明显差异，而这些差异在一定程度上反映了来华留学生文化价值观的差异。问卷设计围绕上述因素展开，本书进行了问卷的因子分析，以验证问卷中六个文化价值观变量的合理性。通过对趋同化教学管理的相关题项进行验证性因子分析，对来华留学生文化价值观问卷数据进行相关性、回归性分析，得出如下结论。六个文化价值观变量中的"不确定性规避""长期取向与短期取向"效度不高，不适用于调查来华留学生文化价值观，因此删除上述变量，保留效度较好的变量，形成问卷，调查来华留学生的文化价值差异对趋同化教学管理的影响。经过调查，笔者发现来华留学生文化价值观变量中的"权力距离""阳刚气质与阴柔气质""自我放纵与自我约束"对"课程评价"和"考试适应"具有显著影响，而"集体主义与个人主义"的影响不显著，最终确定趋同化教学管理变量对应9个题项，文化价值观变量对应9个题项，形成完整问卷最终版，共18个题项，再加上人口统计学4个题项，总计22个题项。

第五章
来华留学生文化价值观差异对趋同化教学管理的影响

本书围绕趋同化教学管理的"同中有异"原则中的"异"因素开展研究，探究来华留学生的不同文化价值观是否对趋同化教学管理存在影响。为了使本书研究具有可操作性，笔者通过访谈编码提取要素，编制问卷，确定了趋同化教学管理的两个变量和来华留学生文化价值观的三个变量，并通过回归分析，探索了这些变量之间的因果关系。通过分析，笔者发现来华留学生文化价值观的三个变量对趋同化教学管理产生了影响。这三个变量包括权力距离、阳刚气质与阴柔气质、自我放纵与自我约束。根据霍夫斯泰德对上述变量概念的定义，笔者结合来华留学生的生活、学习实际，将其转化为具体访谈问题，形成访谈编码要素和最终问卷题项。在将三个文化价值观变量的核心概念和关键词转化为具体问题的过程中，笔者着重考虑结合来华留学生的生活和学习实际，设立具体情境，让来华留学生充分理解问题的内涵。

笔者根据来华留学生与学习情境相关编码要素和问卷题项要素，将文化价值观三个变量进行进一步提取，形成了体现学习情境的三个文化价值观变量（见表5-1）。

表 5-1 学习情境下的文化价值观变量提取

文化价值观变量	学习情境相关编码要素和问卷题项要素	学习情境下文化价值观变量
权力距离	师生关系平等程度	师生距离
阳刚气质与阴柔气质	对学业竞争的看法	学业竞争意识
自我放纵与自我约束	学业成效或学习兴趣导向	自我要求倾向

通过对学习情境下编码要素和问卷题项要素的分析，笔者发现来华留学生的文化价值观变量在学习情境下体现如下。

一是权力距离的大小主要体现在师生距离大小。在学习情境下，来华留学生文化价值观中权力距离的差异主要体现在教育教学活动中的师生关系中。通过对来华留学生文化观的调研，笔者发现东南亚国家、中东国家的来华留学生普遍具有师生距离大的特点，他们认为教师在教育教学过程中具有主导地位，师生之间存在不平等地位，教师主导学生的学习方式，学生几乎不应该公开质疑教师主导的方式，并认为学生的学习质量与教师优秀程度具有高度的相关性。来自中东欧国家、非洲国家的来华留学生普遍具有师生距离小的特点，他们认为教育过程应以学生为中心，由学生主导自己的学习方式，师生之间平等相待。学生的学习质量取决于学生的优秀程度和是否与教师进行有效的交流。因此，笔者将权力距离在学习情境下提取为师生距离，并定义为学生对师生在教学活动中不平等权利的接受程度。

二是阳刚气质与阴柔气质主要体现在学业竞争意识。在学习情境下，来华留学生在阳刚气质与阴柔气质方面的差异主要体现在学业竞争意识上。通过对来华留学生文化价值观的调研，笔者发现东南亚国家、中东国家的来华留学生具有阳刚气质，主要表现在学业竞争意识强，学生学业上彼此竞争，学生努力达到学业优秀并在成绩上凸显，学生视学业成绩失败为灾难。来自中东欧国家和非洲国家的来华留学生具有阴柔气质，主要表现在学业竞争意识弱，他们普遍认为，学业失败只是生活中的平常事，学习不是为了凸显自己，争强好胜会受到周围人的嘲笑和嫉妒。因此，笔者将阳刚气质与阴柔气质在学习情境下提取为学业竞争意识，并定义为学生对学业成功的重视程度和主动参与学业竞争的心理状态。

三是自我放纵与自我约束主要体现在自我要求倾向。笔者发现学习活动是以达到外在学习成效还是满足内在学习兴趣为主导是来华留学生在这一维度上差异的重要体现。中东欧国家和非洲国家的来华留学生普遍自我约束倾向弱，喜欢灵活有趣、激发学生学习兴趣的教学方法，同时假期观念较强，不愿学业功课占用个人休闲时间，对个人兴趣导向不具有约束倾向。东南亚国家、中东国家的来华留学生普遍自我约束倾向强，注重学业成效，喜欢严谨有效的教学方法，愿意将个人休闲时间投入学业中，对个人兴趣导向具有约束倾向。因此，笔者将自我放纵与自我约束在学习情境下提取为自我要求倾向，并定义为在学习活动中，学生以满足内在兴趣为主导而投入学习活动的倾向，或学生以达到外在学业标准为主导而投入学习活动的倾向。

以上是笔者提取的学习情境下的文化价值观变量，包括师生距离、学业竞争意识、自我要求倾向。通过分析质性访谈和量化调查数据，笔者发现上述三个变量对趋同化教学管理下学生对课程的评价和考试的适应有显著影响，具体分析如下。

一 师生距离对课程评价的影响

师生距离大小的差异会对来华留学生的课程评价产生影响，来华留学生对课程评价的差异主要体现在教学语言和课程实施两个方面。

一是教学语言。在趋同化教学管理下，高校多数课程以中文或英文为教学语言，来华留学生对中文和英文课堂有不同的感受。在以中文为教学语言的课程中，部分来华留学生认为中文是中国教师和中国学生的母语，不是自己的母语，在与中国教师和中国学生的交流中处于劣势地位，内心很有压力。例如，受访的留学生认为，"如果我的同学都是留学生，我们的中文水平差不多，彼此交流时不会觉得害羞、尴尬，不会觉得周围人的汉语水平比我高很多。现在我周围都是中国人，汉语是他们的母语，如果我说汉语出错，我担心会被他们嘲笑"。由于语言差异的压力，来华留学生在与中国学生交流中出现一定障碍，中国学生也感受到了交流不畅带来的消极影响。例如，受访的中国学生认为，"我觉得留学生的朋友圈也比较小，他们不太爱和别人说话，尤其是不太爱和中国人说话。当然我们也不爱和他们说话，因为我们和他们说不到一块"。在以英文为教学语言的课程中，部分来华留学生认为教师的英文水平不足影响了教学效果。例如，受访留学生认为，"我是以英语为母语的，我的英文很流利，但有些老师英文不太好，老师用英文讲课时，有时候我理解老师讲的内容，有时候我不理解"。无论是以中文为教学语言还是以英文为教学语言，一旦课堂上出现了语言障碍、交流不畅，来华留学生就会有负面、消极的课程体验，使来华留学生感到课程质量不高，从而产生负面课程评价。在问卷调查中，涉及教学语言的两个题项为"Q7 理解教师授课时采用的教学语言"和"Q8 具有课堂交流的语言能力"，多数来华留学生在这两个问题中选择了对自己的学业"最重要"、"很重要"或"一般重要"，如表5-2和表5-3所示。

表5-2　Q7题项答案频率统计

单位：个，%

	重要性	频数	百分比	有效百分比	累计百分比
有效	最重要	174	27.5	27.5	27.5
	很重要	256	40.5	40.5	68.0
	一般重要	117	18.5	18.5	86.5
	不太重要	55	8.7	8.7	95.2
	不重要或完全不重要	30	4.7	4.7	100.0
	总计	632	100.0	100.0	

表 5-3 Q8 题项答案频率统计

单位：个，%

	重要性	频数	百分比	有效百分比	累计百分比
有效	最重要	154	24.4	24.4	24.4
	很重要	245	38.8	38.8	63.2
	一般重要	119	18.8	18.8	82.0
	不太重要	63	10.0	10.0	92.0
	不重要或完全不重要	51	8.1	8.1	100.0
	总计	632	100.0	100.0	

由表 5-2 和表 5-3 可知，课程中的教学语言直接影响了来华留学生的学习体验、影响了来华留学生对课程的评价。尽管多数学生认识到了语言交流不畅对教学的影响，但是受访来华留学生较少提及和教师有针对这方面的沟通交流，都是选择自己承担压力，如"老师和同学都讲中文，我非常有压力"。笔者发现参与调查的东南亚国家、中东国家的来华留学生的文化价值观中有较大的师生距离，主要体现在学生服从教师对课堂的主导、尊重教师在教学活动中的权威性。例如，东南亚留学生认为，"如果老师跟学生商量，学生说不行，学生不喜欢，老师就不教了，老师没有对学生产生影响。我觉得老师对学生的影响特别重要"。中东国家留学生认为，"老师是课堂的主导，老师在课上说的和做的是最重要的，学生可以表达自己的观点，但不会受到老师的重视，老师更具有权威性。我觉得在学生和老师之间有距离，我们心中老师的地位是非常高的，见到老师会紧张"。文化价值观中较大的师生距离使师生之间缺乏有效沟通，语言问题更为突出。目前，我国多数高校将通过汉语水平考试（HSK）4级作为来华留学生申请学历课程的基本条件，但通过 HSK 4级的留学生仅仅掌握了 1500 个左右的词，只能保证日常简单交流，而来华留学生在参加专业课程学习时可能发现自己的语言能力对专业学习支持不足，学校、教师对来华留学生面临的语言困境也缺乏深入了解，使部分来华留学生对趋同化教学管理产生负面感受。

二是课程实施。来华留学生对课程的评价标准很大程度上取决于他们在本国文化中已经适应的课程实施方式。参加本次访谈和问卷调查的东南亚国家和中东国家的来华留学生习惯于教师主导学生的课程实施方式，在学业上对教师具有较大的依赖性，多数喜欢以教师讲授为主的教学方法。例如，东南亚国家的来华留学生认为，"我们的教育方式大部分是老师讲课，学生安静地听，师生之间没有多少互动。我们从小就这样，一直安静地听课，如果有一个人在教室里提问，其他人会想为什么不老老实实上课，听老师讲"。而中东欧国家和非洲国家的来华留学生的文化价值观中师生距离小，普遍认为师生平等交流是有效的学习方式，在学业上更依赖个人的努力，喜欢以师生互动为主的教学方法，例如，中东欧国家的来华留学生认为，"如果只有老师讲，我觉得很枯燥，有时觉得上课时间很漫长，课堂讨论会让我觉得更有意思"。因此，对教师教学的不同评价本质上反映了学生师生关系中距离的不同。师生距离大的学生习惯与教师保持一定距离，课堂互动较少，师生距离小的学生习惯师生平等，喜欢与教师互动，因此教学方法的评价标准不同。例如，对同一课堂、同一教学方法，不同国家的来华留学生做出了截然相反的评价。东南亚国家的来华留学生认为，"有些课上得很热闹，但我会不习惯，我觉得一节课玩玩闹闹的，我到底学啥了？反而那种老师，认认真真讲课，我还能记些笔记，能学点啥。但是我的一些同学不这样看，和我同班的一些留学生就觉得那种正经讲课的老师很无聊。他们喜欢经常和学生互动，甚至和学生有些打闹性质的老师"。除了教学方法，教师的教学手段也影响学生对课程的评价。师生距离大的学生由于对教师权威认可度较高，对教师提供的讲义、视频等课程资料认可度高，而师生距离小的学生更在意师生之间的平等对话，对课程资料保持自己的判断，比如课程资料是否与时俱进、是否包含了前沿知识，对于陈旧的教学资料，他们普遍认为其影响了课程实施的有效性，而使学生对课程的评价较低。例如，中东欧国家的来华留学生认为，"有些课程的老师选用的图片、素材都是很老的，视频也是品质差、内容老，我就觉得不好，会让学生对这个课程印象不好"。因此，师生距离大小不同的学生对教师的教学手段的认可度不同，对课程评价也不同。通过将东南亚国家和中东欧国家的来华留学生在 Q9 题项"喜欢互动式教学方法的课程"选择的答案进行独立样本 t 检验，发现师生距离大的学生和师生距离小的学生对教学方法的认识存在显著差异，选择"非常同意"和"同意"的学生多数来自中东欧国家。东南亚国家来华留学生和中东欧国家来华留学生在 Q9 题项的回答上有显著差异，中东欧国家的来华留学生在 Q9 题项上的答案平均值低于东南亚国家的来华留学生。由此可见，在趋同化教学管理的课堂上，不同地区、不同国家的学生因为师生距离不同，所以对课程的评价不同。对 Q9 题项的分析如表 5-4 和表 5-5 所示。

表 5-4　Q9 题项组统计分析

单位：个

题项	地区	个案数	平均值	标准偏差	标准误差平均值
Q9	中东欧	183	2.03	1.057	0.083
	东南亚	163	2.58	1.232	0.091

表 5-5　Q9 题项独立样本 t 检验分析

	莱文方差等同性检验		平均值等同性 t 检验						
	F	显著性	t	自由度	sig.（双尾）	平均值差值	标准误差差值	差值 95% 置信区间	
								下限	上限
假定等方差	14.060	0.000	-4.462	344	0.000	-0.544	0.124	-0.798	-0.310
不假定等方差			-4.501	345.511	0.000	-0.544	0.123	-0.796	-0.312

二　学业竞争意识对考试适应的影响

学业竞争意识的差异对来华留学生的考试适应具有影响，主要体现在来华留学生对考勤制度和考试成绩两个方面的感受差异上。在考勤制度方面，由于学业竞争意识强弱不同，来华留学生对考勤制度有不同的感受。学业竞争意识强的学生认为出勤是学业成绩的重要保障，认可考勤制度，并自觉遵守考勤制度，如东南亚国家和中东国家的来华留学生。例如，东南亚国家的来华留学生认为，"我觉得记考勤不是无聊的事情，老师只是花你五分钟时间，这五分钟你可以干自己的事情。有些留学生要不就是觉得麻烦，要不就是有别的心思。记考勤是很有必要的，一个是你尊重这门课的老师，一个是尊重自己选的这个课"。学业竞争意识弱的学生认为是否出勤上课是个人的选择，学校的考勤制度给学生个人带来焦虑和压力，例如中东欧国家的学生认为，"在我的国家，我们学生不是必须去上课的，有课时我们想去就去，不想去就可以不去，没有考勤，也可以参加考试。老师对学生是否按时上课也不太在意，老师讲完课，就完成任务了。但是，在中国，老师对学生的考勤非常在意，这是非常大的不同。我会有压力。我必须去上课，否则不能考试，我理解这样的方式是为了让学生学会，但我还是会紧张"。因此，不同国家的学生由于竞争意识强弱不同，所以对考勤制度有不同的看法和体验。问卷中的Q13题项是"按时出勤上课对我的学业很重要"，选项分别为"1＝非常同意，2＝同意，3＝不确定，4＝反对，5＝强烈反对"。通过对东南亚国家的来华留学生和非洲国家的来华留学生在Q13题项选择的答案进行独立样本t检验，发现学业竞争意识强的来华留学生和学业竞争意识弱的来华留学生选择的答案存在显著差异（见表5-6和表5-7）。

表5-6 Q13题项组统计分析

单位：个

题项	地区	个案数	平均值	标准偏差	标准误差平均值
Q13	东南亚	163	1.89	1.100	0.086
	非洲	92	2.47	1.104	0.115

表 5-7　Q13 题项独立样本 t 检验分析

	莱文方差等同性检验		平均值等同性 t 检验						
	F	显著性	t	自由度	sig.（双尾）	平均值差值	标准误差差值	差值 95% 置信区间	
								下限	上限
假定等方差	0.729	0.044	-4.023	253	0.000	-0.723	0.578	-0.861	-0.295
不假定等方差			-4.019	188.34	0.000	-0.723	0.578	-0.861	-0.294

在考试成绩方面，来华留学生学业竞争意识的差异主要体现在对考试成绩的感受不同。参加本次访谈和问卷调查的东南亚国家和中东国家的来华留学生比较看重学业成绩，认为成绩高低与个人努力程度成正比，当其他同学的成绩高于自己时，容易感到压力。例如，东南亚国家的来华留学生认为，"如果我考试失败，我会特别失望，如果所有同学都考得好，只有自己考不好，就觉得自己不怎么样了，很失败"。中东国家的来华留学生认为，"考试是我们生活中最重要的部分，虽然考试不及格不是灾难，不是世界末日，但是有时我真的很不安"。中东欧国家和非洲国家的来华留学生竞争意识弱，认为成绩是个人的事，无须比较。例如，中东欧国家的来华留学生认为，"我们有期中考试，我的朋友分数比我高，但是他的分数是他的，我的分数是我的，虽然学习成绩非常重要，但我不太在意，至少我通过了考试，我觉得自己也很棒"。学业竞争意识强的学生在重视学业成绩的同时，也很看重成绩评定标准的公平性、公开性。部分学生对成绩评定有一定负面体验，主要表现为对自己的成绩感到失望和沮丧或认为成绩评定标准不清晰，自己付出的努力没有得到相应的成绩。学业竞争意识强的学生认为考试考核后的反馈有利于进一步提升自身成绩，在成绩评定后还希望得到改进和提高的建议。例如，"我认为如果我写文章，我可以了解自己的错误在哪里，可以纠正自己，但是只用试卷，我常常不知道正确答案是什么，如何提高和改进。我认为改错是提高和改进的关键"。学业竞争意识不同的来华留学生对趋同化教学管理下的考试适应程度不同。

三 自我要求倾向对课程评价和考试适应的影响

具有不同自我要求倾向的来华留学生对课程评价的差异主要体现在课程设置上。本书中，自我要求倾向主要体现在学生以满足内在学习兴趣为主导而投入学习活动还是以达到外在学习成效为主导而投入学习活动。在访谈和问卷调查中，中东欧国家和非洲国家的来华留学生认为个人兴趣是工作、学习的首要因素，自我要求倾向弱。东南亚国家和中东国家的来华留学生在学习上比较看重学业竞争结果，个人兴趣放在次要位置，自我要求倾向强。在课程设置方面，自我要求倾向强的来华留学生关注课程设置是否有利于专业学习的有效性，倾向于以学科为中心的课程设置，倾向于课程内容、课程类型紧紧围绕学科专业设置，关注与学科专业联系紧密的课程。自我要求倾向弱的来华留学生更看重课程是否与个人学习兴趣相契合，将学习知识和个性发展作为评价课程的标准。因此，自我要求倾向对课程评价的影响主要体现在学习中是以个人兴趣为主导，还是以学习成效为主导。不同国家学生的学习背景不同，对课程设置的理解也不同。东南亚国家、中东国家的来华留学生普遍自我要求倾向较强，看重课程设计是否紧紧围绕学科专业设置。例如，东南亚国家的来华留学生对化学课的评价主要依据化学课与工程专业是否存在联系，对工程专业学习是否有帮助，"上学期，有一门必修课是化学，我看到这门课的安排，我有些震惊，我是学工程的，为什么要学化学？化学和工程有什么关系？老师给我上这门课后，我理解了为什么要学化学，理解了化学与工程的关系，我现在很喜欢化学"。这说明该学生将以学科为中心的课程设置作为课程评价的重要标准。非洲国家和中东欧国家的来华留学生普遍自我要求倾向弱，看重课程设置与个人兴趣是否契合。例如，来自非洲的一名工程专业的留学生，对儒家文化非常感兴趣，"我选修过儒家文化课程，学习了儒家文化的知识，儒家文化是中国智慧，老师讲儒家文化时，我特别喜欢"。非洲国家的来华留学生希望中国高校的选修课更加多元化,满足学生不同层面的需求。"在中国的大学里,我所学专业本学期只有固定的六门主要课程,我所喜爱的选修课程极少,而在我的国家,每个学期我可以选择自己心仪的课程,然后完成课程"。因此,自我要求倾向弱的学生看重课程设置与个人兴趣、个人发展的契合,对选修课程的设置具有多元化需求。以问卷调查中的 Q12 题项为例,此题项是调查学生在多大程度上同意"设置符合我学习兴趣的课程",选项分别为"1 = 非常同意,2 = 同意,3 = 不确定,4 = 反对,5 = 强烈反对"。通过对东南亚国家的来华留学生和中东欧国家的来华留学生在 Q12 题项的答案进行独立样本 t 检验,发现中东欧国家的来华留学生对设置符合个人学习兴趣课程的赞同程度超过了东南亚国家的来华留学生,说明东南亚国家的来华留学生属于自我要求倾向强的学生,中东欧国家的来华留学生属于自我要求倾向弱的学生,中东欧国家的来华留学生在学习中以满足个人兴趣为主,而多数东南亚国家的来华留学生在学习中看重学习成效。这两个地区的学生在选择的答案上存在较显著差异(见表 5-8 和表 5-9)。

表 5-8　Q12 题项组统计分析

单位:个

题项	地区	个案数	平均值	标准偏差	标准误差平均值
Q12	中东欧	183	2.21	1.086	0.085
	东南亚	163	2.71	1.402	0.104

表 5-9　Q12 题项独立样本 t 检验分析

	莱文方差等同性检验		平均值等同性 t 检验						
	F	显著性	t	自由度	sig.(双尾)	平均值差值	标准误差差值	差值 95% 置信区间	
								下限	上限
假定等方差	28.535	0.000	-3.690	344	0.000	0.502	0.136	0.769	0.234
不假定等方差			-3.743	337.630	0.000	0.502	0.134	0.765	0.238

来华留学生由于自我要求倾向不同,对考试适应的差异主要体现在

对考试方式的不同感受上。实施趋同化教学管理的高校对修习同一课程的来华留学生往往采用相同的考试方式，受访来华留学生对此有不同的感受。在本书中，自我要求倾向主要体现在学习是以达到外在学习成效为目标，还是以满足内在学习兴趣为目标，因此自我要求倾向对考试方式的评价的影响主要体现在自我要求倾向强的学生更注重考试的难易程度，而自我要求倾向弱的学生更注重考试方式与个人学习状态的契合性。自我要求倾向弱的学生希望考试方式更加多元化，不只局限于试卷和论文，例如，非洲国家、中东欧国家的受访来华留学生认为中国高校的考试方式较单一。不同地区和国家的来华留学生对考试形式的不同感受和不同要求体现了他们的文化价值观差异，这种差异使他们对在中国高校参加考试的适应程度不同，产生了对考试方式的不同评价。

以问卷调查中的 Q14 和 Q15 题项为例，这两个题项是调查学生如何看待"考试方式对我的学业很重要""考试成绩对我的学业很重要"，选项分别为"1 = 非常同意，2 = 同意，3 = 不确定，4 = 反对，5 = 强烈反对"。通过对中东国家的来华留学生和非洲国家的来华留学生在 Q14 和 Q15 题项的答案进行独立样本 t 检验，发现中东国家的来华留学生对考试结果重要性的认同超过了非洲国家的来华留学生，而非洲国家的来华留学生对考试方式重要性的认同超过了中东国家的来华留学生，说明中东国家的来华留学生注重考试结果，属于自我要求倾向强的学生，非洲国家的来华留学生注重考试方式，属于自我要求倾向弱的学生，这两个地区的学生在选择的答案上存在较显著差异（见表 5-10、表 5-11、表 5-12 和表 5-13）。

表 5-10　Q14 题项组统计分析

单位：个

题项	地区	个案数	平均值	标准偏差	标准误差平均值
Q14	非洲	92	1.99	0.931	0.107
	中东	76	2.35	1.171	0.122

第五章　来华留学生文化价值观差异对趋同化教学管理的影响　111

表 5-11　Q14 题项独立样本 t 检验分析

	莱文方差等同性检验		平均值等同性 t 检验						
	F	显著性	t	自由度	sig.（双尾）	平均值差值	标准误差差值	差值 95% 置信区间 下限	差值 95% 置信区间 上限
假定等方差	3.955	0.047	-2.963	166	0.003	0.456	0.157	0.774	0.155
不假定等方差			-3.011	165.921	0.003	0.456	0.154	0.769	0.160

表 5-12　Q15 题项组统计分析

单位：个

	地区	个案数	平均值	标准偏差	标准误差平均值
Q15	中东	76	1.91	1.035	0.119
	非洲	92	2.46	1.233	0.120

表 5-13　Q15 题项独立样本 t 检验分析

	莱文方差等同性检验		平均值等同性 t 检验						
	F	显著性	t	自由度	sig.（双尾）	平均值差值	标准误差差值	差值 95% 置信区间 下限	差值 95% 置信区间 上限
假定等方差	7.233	0.008	-2.178	166	0.031	0.361	0.166	0.688	0.034
不假定等方差			-2.225	165.769	0.027	0.361	0.162	0.681	0.041

本章进一步提取了三个学习情境下的文化价值观变量，即师生距离、学业竞争意识、自我要求倾向。笔者通过调研趋同化教学管理下来华留学生的学习实际状况，根据来华留学生与学习情境相关的编码要素，定义师生距离、学业竞争意识、自我要求倾向三个变量的内涵，并发现这三个变量对来华留学生的课程评价和考试适应有显著影响。对课程评价方面的影响主要表现在部分学生不适应教师的教学语言、教学方法等课程实施方式，师生距离较大，师生之间缺乏沟通，交流不畅，造成学生对课程的负面体验，从而产生负面的课程评价。在考试适应方面，由于学生的自我要求倾向不同，部分学生以满足内在学习兴趣为主导而投入学习活动，部分学生以达到外在学习成效为主导而投入学习活

动，所以对考勤制度、考试方式有截然不同的理解和评价，对考试的适应程度有显著差异。对于考试成绩，学业竞争意识强的学生积极参与学业竞争，并将其作为学业成功的重要标准，而学业竞争意识弱的学生认为无须和他人比较考试成绩，较少参与学业竞争。

第六章
趋同化生活管理与趋同化思想教育管理

一 趋同化生活管理的概念与趋同化思想教育管理的概念

目前，高校在实施趋同化管理上多数从经验出发，没有划分出具体维度。笔者通过分析趋同化管理的概念和梳理高校实施趋同化管理的经验，对来华留学生趋同化管理进行了维度划分。笔者将趋同化管理由概念细化为三个维度，分别为趋同化教学管理、趋同化生活管理、趋同化思想教育管理。前面章节主要阐述趋同化教学管理的概念、来华留学生的文化价值观差异与趋同化教学管理的关系，本章聚焦于趋同化管理的另外两个维度，即趋同化生活管理和趋同化思想教育管理。

趋同化生活管理指为来华留学生提供与中国学生趋于相同的日常生活服务和公共服务，趋同化体现在住宿、饮食、医疗、保险等环节。趋同化思想教育管理指对来华留学生的思想教育和文化引领，趋同化体现在指导来华留学生了解中国法律法规和中国国情，引导来华留学生遵纪守法、遵守校纪校规，同时尊重来华留学生的本国文化、风俗习惯、宗教信仰等。各国来华留学生的文化差异同样渗透在趋同化生活管理和趋同化思想教育管理的两个维度中。不同的文化背景造就了来华留学生不同的思维方式和生活习惯，而这些根本上就是文化价值观的差异。因此，笔者认为在实施趋同化生活管理和趋同化思想教育管理的过程中，高校管理人员应关注来华留学生的文化价值观差异，采取"同中有异"的原则。

二　从特殊照顾到趋同化生活管理

趋同化生活管理指为来华留学生提供与中国学生趋于相同的生活服务和公共服务，其关系到每个学生在校园生活中的衣食住行，是来华留学生能否适应中国校园生活的重要方面。在改革开放之前，我国来华留学生管理模式有别于国内高校学生的管理模式，在生活管理方面长期以来对来华留学生实施"特殊管理""单独管理"。在生活待遇方面，来华留学生的宿舍和食堂标准都高于中国学生。例如，20世纪60年代，"我国教育主管部门规定留学生每月生活费80元，而当时中国大学生的每月伙食费只有10元左右"（于富增，2009）。可以看出当时中国高校对于来华留学生的学习和生活给予了极大的照顾，也在客观上使来华留学生成了中国高校中的特殊群体。

对来华留学生的特殊管理是改革开放前特殊历史时期的产物，改革开放后，对来华留学生的特殊管理、单独管理越来越不适应当前来华留学生教育的形势。我国教育主管部门已明确对来华留学生实施趋同化管理，而趋同化生活管理往往是来华留学生在中国校园生活中体验最深刻之处，同时也是备受关注之处。若高校依然沿用对来华留学生特殊管理、单独管理的传统模式，这种做法就不能被大众理解，会受到怀疑和否定。例如，2018年，某高校让中国学生将条件较好的宿舍让给来华留学生居住，引发中国学生不满，这所高校被推上了舆论的风口浪尖。上述新闻之所以成为舆论焦点，其核心问题是中国高校对中国学生和来华留学生在生活管理上是否应该一视同仁，来华留学生是否应该享受特殊照顾、特殊待遇。这些问题本质上是中国高校对来华留学生采用何种生活管理模式的问题。近年来，我国教育主管部门对来华留学生的趋同化管理也提出了明确的要求。2017年，教育部和国务院学位委员会联合发布的《学位与研究生教育发展"十三五"规划》指出,"整合教务管理、校园生活等工作职能,促进留学生与中国学生的趋同化管理,为留学生创造更好的学习与生活条件"。① 由此可见,对来华留学生的特殊照顾、特殊待遇是特定历史时期的产物,已不适应当前来华留学生教育的发展趋势,来华留学生的生活管理模式应该由"特殊管理"转向"趋同化管理"。

在趋同化生活管理下,来华留学生和中国学生享有相同的公共服务设施,遵守相同的生活管理规章制度。来华留学生的生活状态如何?对校园生活的体验如何?来华留学生的感受在一定程度上反映了他们对趋同化生活管理的接受程度和满意程度,这也正是笔者关注的问题。因此,笔者通过深度访谈和质性分析,探究了来华留学生对趋同化生活管理的感受。

三 趋同化生活管理下来华留学生的感受差异

笔者联系了已经实施趋同化生活管理的3所高校,通过与3所高校国际交流处的工作人员联系,说明调查的目的和方法,并在他们的帮助下,采用随机抽样的方法,在中外学生混班授课的教学班中每个班抽取一名来华留学生,作为访谈备选对象,共计抽取48名来华留学生。笔者根据来华留学生的来源国筛选出38名共建"一带一路"国家的来华留学生,通过电子邮件方式与38名来华留学生取得联系,与他们就参加访谈的意愿等进行沟通。根据38名来华留学生参与访谈的意愿和语言表达能力,笔者最终确定了共建"一带一路"国家的21名来华留学生进行深度访谈。考虑到部分来华留学生的汉语表达能力有限,而英语表达能力较好,能够顺畅交流,因此访谈全部采用汉语和英语双语进行。

---

① 《教育部 国务院学位委员会关于印发〈学位与研究生教育发展"十三五"规划〉的通知》,教育部官网,http://www.moe.gov.cn/srcsite/A22/s7065/201701/t20170120_295344.html。

笔者通过调研来华留学生在趋同化生活管理下的感受，将趋同化生活管理转化为具体问题。基于趋同化生活管理的概念，访谈问题应聚焦于来华留学生的住宿、饮食、医疗、保险等方面。笔者将访谈的重点放在来华留学生的住宿和饮食方面。所有来华留学生都在住宿和饮食方面有直接的体验，而只有部分来华留学生有在中国就医经历，保险则是学校统一办理的，多数来华留学生并没有直接参与保险办理的流程，因此笔者将来华留学生在住宿、饮食方面的感受作为访谈重点。

访谈内容围绕来华留学生对校园内饮食和校园内住宿的感性经验展开，访谈提纲是半结构化的，在访谈过程中，提纲中的问题根据受访者回答的内容进行调整，对不同受访者提问顺序有所改变，并根据受访者的回答情况而增加或减少。访谈提纲具体如表6-1所示。

表6-1 访谈提纲

序号	访谈问题
1	你喜欢中国学校餐厅的饭菜口味吗？为什么？
2	请说说你最喜欢的菜品。请说说你不喜欢的菜品。
3	你喜欢在中国学校宿舍住宿吗？为什么？
4	如果可以选择，在中国学习期间你喜欢住在哪里？为什么？
5	你如何看待中国的餐饮环境和住宿环境？请举例说明。

由于访谈主要涉及来华留学生在中国校园生活的经历和感受，如对校园设施、校方管理人员等的看法，笔者认为如果在教室、会议室等比较严肃的地点进行访谈，受访者可能会紧张，影响其真实想法的表达，因此将访谈的地点选在高校的茶餐厅中，通过与受访者喝茶聊天的形式，使受访者在比较轻松的氛围下接受访谈，促使受访者敞开心扉，将真实的感受表达出来。在访谈之前，笔者向受访者说明访谈的目的，并在受访者允许的情况下进行录音。由于访谈气氛轻松自然，因此被访谈来华留学生对于笔者的问题给予了非常详尽的回答，与笔者分享了他们的经历和感受。

（一）对校园饮食的感受差异

通过编码分析访谈资料，笔者发现来华留学生对趋同化生活管理下的校园生活有不同的感受和体验，形成了不同的评价，既有积极正面的评价，也有消极负面的评价。在这些评价中，来华留学生对校园饮食的评价与他们的文化背景、生活习惯、生活经历等有密切联系。不同文化背景的来华留学生具有多元化的饮食习惯，对趋同化生活管理提出较大挑战。例如，一些伊斯兰国家的来华留学生认为学校的清真食堂太少，而且不符合他们的口味。受访的来华留学生提到，"我是穆斯林，在饮食方面我遇到一些困难。在这个大学食堂中，只有一个清真食堂，他们的饭菜不太好吃。我觉得这是非常难适应的，因为我不喜欢吃中餐，清真食堂又不好吃，又很难找到其他的清真食堂，大部分都是兰州拉面，也不好吃。我刚到中国学校时非常不习惯，我买餐厅里的煮鸡蛋充饥，但是这样的食物太单一了，我只能另想办法。我在校园周边的餐馆中寻找清真饭菜，虽然有一些清真食物，但也不是我喜欢的口味，后来我发现了一些清真小吃很好吃。我现在经常到校外去吃这些小吃，校内的食物我很少吃。我觉得在中国学习期间，饮食真是我面临的最大问题"。一些东南亚国家的来华留学生认为中国饭菜较油腻，在饮食上很不适应。受访的来华留学生提到，"我们国家的食物非常清淡，这个大学食堂里的食物几乎都非常油腻，还有一些食物是非常辛辣的，我从来不吃辣味的食物。虽然学校里有好几个大食堂，我有时也去看看，但看到油油腻腻的菜就没有胃口了。现在我经常在校园外的超市里买寿司，因为寿司没有油腻，我很喜欢，这是我的主要食物，我只能吃这个"。还有一些来华留学生在餐饮时间上有自己的习惯，由此产生不适应。一些中东欧国家的来华留学生认为中国餐厅的时间太固定、太刻板，他们很不适应。受访的来华留学生提到，"在我的国家，餐厅营业时间很长，什么时候去都可以买到食物，不用担心时间早晚，但是在中国校园的餐厅，我发现营业时间非常固定，早中晚的吃饭时间是固定的，我在这个时间不饿就没有去吃饭，我饿的时候去餐厅就没有食物了，我感到很奇怪，餐厅应该是全天开放的，为什么这样呢？我开始很不适应，常常忘记吃饭时间，后来经常提醒自己吃饭的时间是固定的，这样才能买到饭菜，但我还是不明白为什么这样"。饮食方面的差异不仅体现在饭菜口味上，还体现在就餐方式和就餐环境上。一些中东欧国家的来华留学生习惯分餐制和安静的就餐环境。受访的来华留学生提到，"在我的国家里，大家在餐厅吃饭时每个人有自己的餐具，从来不混用。让我很吃惊的是，当我和中国学生聚餐时，他们用自己筷子夹同一个菜，餐具没有完全分开。他们还喜欢敬酒碰杯，有时候声音很大，以此表示对彼此的尊重，我很不习惯这些"。由此可见，部分来华留学生在校园饮食上存在不适应、不习惯的问题，产生了负面感受和消极体验。一方面，校园饮食多数是传统的中式菜式，较少有异国风味，使部分来华留学生面临饮食上的选择难题。另一方面，在校园餐饮的管理方面多数以中国学生的习惯为主，较少考虑到来华留学生的需求。部分受访的来华留学生由于本国的饮食习惯与中国的饮食习惯差异巨大，面临着适应难题，需要付出较多的时间和精力调整饮食习惯，才可能走出困境。

在饮食方面，部分受访的来华留学生表达了在中国高校生活的负面感受和消极体验，但是另外一些来华留学生表达了对中国饮食的兴趣和热情，他们迅速适应了中国的饮食习惯，并向笔者表达了正面感受和积极体验。例如，受访的来自非洲的留学生提到，"中国食物有些改变了我的看法。在非洲，我看到过中国食物的图片，听说过中餐，但我不习惯，但是现在以我在中国的经历，我喜欢中餐的程度超过了非洲食物。有时朋友带我去吃饭，我很喜欢中式风格，比如我最喜欢火锅，真的很好吃。所以，百闻不如一见。你看到的远不如你体验到的。还有中国的大饼也很好吃。我真的很喜欢。有些人说非洲人吃不了中餐，其实不是这样"。另一位受访的中东欧国家的来华留学生提到，"我很喜欢中国菜，比如八珍豆腐、鱼香肉丝等，我还喜欢四川菜，我喜欢川菜中辛辣的味道，我喜欢辣子鸡。我甚至在家里尝试做中国菜，我觉得味道很好，我做了中国菜还会拍照发朋友圈，让我的老师和同学都分享我的喜悦"。由此可见，来华留学生由于文化背景、生活习惯、适应能力等方面的差异，对中国饮食的体验和感受也有着巨大的差异。一些来华留学生能够迅速适应中国的饮食习惯，爱上中国菜，中国菜成为他们融入中国校园生活、理解中国文化的重要媒介，成为他们在中国学习的美好记忆的重要部分；而另一些来华留学生很难适应中国的饮食习惯，每天承受着生理和心理上的不适应，他们甚至将饮食习惯的不适应作为在中国校园生活的最大障碍，认为这严重影响了他们顺利完成学业。

（二）对校园住宿的感受差异

在趋同化生活管理背景下，高校为来华留学生和中国学生提供同等条件的宿舍，并不断改善中外学生的住宿环境。但是，趋同化生活管理除了改善宿舍的硬件环境，还应关注住宿的软环境，关注不同国籍的来华留学生的多元化需求。例如，受访的来自非洲国家的留学生提到，"我有一个同学，也是我们国家的留学生，他比我早到中国学习，我非常想和他同住一个房间"。而另外一些来华留学生在住宿中喜欢跨文化的环境，希望接触来自不同国家的同学。例如，受访的中东欧国家的来华留学生提到，"我想和其他国家的同学一起住，和其他国家的同学一起住是好事，因为你可以学习新的事物，我希望有这样的机会"。由此可见，来华留学生在住宿上的要求不仅涉及硬件环境，而且涉及跨文化的软环境，可以说跨文化的软环境对来华留学生的生活体验有较大的影响。例如，受访的中东国家的来华留学生提到，"我还有两个来自我的国家的同学在这里学习，但我们不在一个房间，我的室友来自另一个国家。我和她很少说话，我们没有互动。我和她算不上朋友，但是保持友好关系。每个国家的同学有优点也有缺点，大家都小心翼翼，对彼此保持礼貌，我对他们的一些习俗也不理解。即使有时觉得他们的行为有些怪异，我也学着接受别人的行为"。通过上述访谈示例可以看出，不同国家的来华留学生在校园宿舍中面临着跨文化生活环境的问题，这是中国学生较少面临的情况。多数来华留学生表达了跨文化生活环境对他们的影响，其中既有积极正面的体验，也有消极负面的体验。在空间有限的住宿环境中，由于文化背景和生活习惯的差异，来华留学生面临着比中国学生更为复杂的跨文化适应问题。例如，不同国家的来华留学生有不同的时间观和空间观，对作息的时间、空间的利用都有不同的理解，不同国家对肢体语言和行为禁忌都有自己不同的传统。由此可见，来华留学生的住宿感受不仅限于住宿硬件环境，还受到住宿软环境的影响。

　　通过上述分析，我们可以看出来华留学生带着不同的文化背景和生活习惯来到中国校园，他们在生活方面比中国学生面临更多的跨文化适应难题。趋同化生活管理如果只是"一同了之"，只限于提供给来华留学生和中国学生一样的生活管理和生活服务，没有考虑到来华留学生面临的跨文化难题，笔者认为这样的管理方式过于简单化。对来华留学生而言，为他们提供与中国学生完全相同的生活管理和生活服务，貌似公平，实则忽视了来华留学生比中国学生面临更多的适应难题这样的实际问题，既缺乏以人为本的人文关怀精神，又缺乏管理上的柔性，可以说是管理上的粗放性而不是精细化，更不是高质量的趋同化生活管理。由于来华留学生比中国学生面临更多的适应难题，住宿、饮食、医疗等方面的管理和服务往往决定了来华留学生在中国校园的生活质量，并在很大程度上决定了他们是否能够适应在中国校园的生活、能否闯过文化适应的难关、能否顺利完成学业。因此，趋同化生活管理不应该是简单的、粗放的，而应该是将来华留学生的文化差异、生活习惯、跨文化特点等因素纳入管理视线，在服务学生中注重细节差异，以校园生活中的点滴细节帮助来华留学生克服文化冲击，顺利完成学业。

四　趋同化思想教育管理下来华留学生的感受差异

　　近年来，来华留学生的思想教育问题引起社会的广泛关注。例如，搜狐新闻在2019年发布的文章《外国留学生"超国民待遇"是否应全面叫停》指出,"国家应对留学生制度进行修正,对外国留学生入学、毕业条件严格把关,在校期间与中国学生一视同仁,保持大学作为学习教育机构的公平、公正。同时,执法机关对外国人(包括外国留学生)违法行为要依法公正、公平处理,外国留学生身份不应是'法外开恩'的理由,外国人身份更不是护身符。无论他是哪国人,在中国必须遵守中国的法律,违法必究"[1]。这样的舆论近年来屡见不鲜,表面上涉及来华留学生的身份界定,即来华留学生既是学生,又是外国人,本质上涉及对来华留学生的思想教育管理问题。对来华留学生的管理应首先强调其学生身份,遵守中国法律和高校校规校纪,外国人的身份不意味着其可以避开思想教育管理,更不是突破法律法规的护身符。

笔者界定了趋同化思想教育管理的概念,将思想教育管理作为趋同化管理的重要维度。趋同化思想教育管理主要指对来华留学生的思想教育和文化引领,趋同化体现在指导来华留学生了解中国法律法规和中国国情,引导来华留学生遵纪守法、遵守校纪校规,同时尊重来华留学生的本国文化、风俗习惯、宗教信仰等方面。

我们从趋同化思想教育管理的概念中可以看出,来华留学生的思想教育主要体现在两个方面。一是引导教育来华留学生遵守中国的法律法规和高校的校规校纪。二是尊重来华留学生本国的风俗文化、宗教信仰等。由此可见,趋同化思想教育管理既涉及中国的法律法规,又涉及外国的宗教信仰、风土人情等众多因素,其中有些因素复杂而微妙,使趋同化思想教育管理面临诸多挑战。比如对上述因素的忽视会形成来华留学生思想教育管理上的真空,对上述因素的粗放管理会形成来华留学生思想教育管理上的漏洞。与趋同化教学管理和趋同化生活管理相比,趋同化思想教育管理往往是高校对来华留学生管理中最难界定的部分。一些高校对来华留学生的教学管理和生活管理实施趋同化,但在思想教育管理方面往往处于真空状态,使一些来华留学生在涉及思想、法律、宗教等敏感因素时处于迷茫状态。

---

[1] 搜狐新闻原创,并被其他媒体多次转载。

笔者通过深度访谈和质性分析了解了来华留学生对高校思想教育管理的感受和体验。笔者继续对部分共建"一带一路"国家的 21 名来华留学生进行半结构化访谈，询问他们在中国高校思想教育方面的看法，访谈提纲着重考虑结合来华留学生的实际，设立具体情境，让来华留学生充分理解问题的内涵。访谈内容围绕来华留学生对中国法律法规和学校规章制度的理解和认知展开，访谈提纲是半结构化的，在访谈过程中，提纲中的问题根据受访者回答的内容进行调整，对不同受访者提问顺序有所改变，并根据受访者的回答情况而增加或减少。访谈提纲具体如表 6-2 所示。

表 6-2 访谈提纲

序号	访谈问题
1	你是否了解中国的法律法规？请举例说明。
2	你是否了解中国学校的校规校纪？请举例说明。
3	在中国学校的规章制度中，你是否有不适应的地方？为什么？
4	在中国学习期间，你如何度过自己民族的传统节日？
5	在中国学习期间，如果有法律方面的困惑，你会向谁求助？为什么？

笔者通过对访谈资料中的编码要素进行频次统计，对编码内容进行归类，编码的归类反映了不同国家和地区的来华留学生对趋同化思想教育管理的不同感受。以宗教为例，一些来华留学生在本国有自己的宗教信仰，但由于不了解中国对宗教活动的政策规定而存在困惑。受访的东南亚国家的来华留学生提到，"我家信佛教，我信佛教是因为我父母信佛教，我生在佛教家庭，就必须信佛教，从小被培养佛教信仰。在泰国，我路过寺庙就会拜佛。在中国学习时，我不确定能不能这样做，以及这样做对不对"。由此可见，一些来华留学生有自己的宗教信仰，对他们讲清楚、讲透彻中国对外国人宗教活动的政策规定是非常必要的。关于来华留学生的宗教信仰问题，我国相关部门颁布了明确的规定，如《中华人民共和国境内外国人宗教活动管理规定》《高等学校接受外国留学生管理规定》等文件。1994 年国务院颁布的《中华人民共和国境

内外国人宗教活动管理规定》明确指出,"外国人可以在中国境内的寺院、宫观、清真寺、教堂等宗教活动场所参加宗教活动""外国人可以在县级以上人民政府宗教事务部门认可的场所举行外国人参加的宗教活动""外国人在中国境内进行宗教活动,应当遵守中国的法律、法规,不得在中国境内成立宗教组织、设立宗教办事机构、设立宗教活动场所或者开办宗教院校,不得在中国公民中发展教徒、委任宗教教职人员和进行其他传教活动"。由此可见,按照我国的法律法规,高校应尊重来华留学生的宗教信仰,但同时要教育来华留学生严格遵守参加宗教活动的管理规定。2000年教育部、外交部、公安部联合颁布的《高等学校接受外国留学生管理规定》第六章"校内管理"中明确指出:"高等学校依照国家有关法律、法规和学校的规章制度对外国留学生进行教育和管理。学校应当教育外国留学生遵守我国的法律、法规及学校的规章制度和纪律,尊重我国的社会公德和风俗习惯……高等学校应当尊重外国留学生的民族习俗和宗教信仰,但不提供举行宗教仪式的场所。校内严禁进行传教及宗教聚会等活动。"[①]从上述规定中可以看出,我国相关部门尊重来华留学生的宗教信仰,同时明确宗教活动应当遵守中国的法律法规,界定了哪些是违法违规的宗教活动,为高校对来华留学生的思想教育管理提供了有力依据。

  受访的来华留学生都表达了他们愿意遵守中国的法律法规和中国学校的校规校纪的想法,但他们也表示对一些法律法规和校规校纪存在模糊认识,需要学校给予更为明确的指导。例如,一些来华留学生违反了法律或制度,但他们不是故意为之,而是不清楚、不了解相关规定。一位受访的来华留学生提到,"有时候我不知道自己做的事违反了一些规定,比如我看到校园附近有一条河,河水清澈见底,我在自己的家乡就很喜欢跳水运动,我就想跳到河水中。我就从这条河上的桥面上跳水,我觉得很过瘾,但是周围人告诉我,这是违背规定的,这条河不能跳水

[①] 《高等学校接受外国留学生管理规定》,教育部官网,http://www.moe.gov.cn/srcsite/A02/s5911/moe_621/200001/t20000131_81859.html。

和游泳。后来,我询问了我的朋友,他说确实有这样的规定,我就记住了,不在这条河中跳水了"。由此可见,多数来华留学生愿意入乡随俗,规范自身的行为,但是对相关法律法规和校规校纪缺乏了解和认识,需要学校加大宣传力度,加强教育引导。多数受访的来华留学生表示如果遇到法律或制度上的困惑,他们会询问自己的同学或朋友,而不是学校的教师或管理人员,或是虽然想咨询校方人员,但不知道向谁咨询。上述访谈示例表明,相对于管理中国学生的辅导员制度,来华留学生的思想教育管理人员还不充足,思想教育方面的宣传和引导还比较匮乏,来华留学生的思想教育处于真空状态。笔者认为趋同化管理不应缺少思想教育管理,否则来华留学生的思想教育就会出现漏洞,问题丛生,但趋同化思想教育管理不是简单的"一同了之",而是应该既有法律法规的底线教育,又有人文关怀的思想引领,对来华留学生的思想教育应该采取有温度、有温暖的管理方式。对来华留学生的思想教育趋同化管理有利于来华留学生了解中国文化和中国国情,使他们融入中国校园氛围,而不是处于封闭和半封闭的状态。对于中国学生来说,趋同化思想教育管理也提供了与来华留学生进行有效跨文化交流的机会,真正享有高校国际化的成果。

　　来华留学生在趋同化管理下的感受差异表面上是生活习惯、风俗传统的差异,本质上是不同国家和地区的人们的文化价值观的差异,而文化价值观的差异大小主要体现在文化距离的远近上。科格特(Kogut)和辛格(Singh)于1988年首次为文化距离下了定义。他们提出,"文化距离指的是共享规范与价值观在一个国家与另一个国家之间的差异程度"(Kogut & Singh, 1988)。在这个定义的基础上,科格特和辛格还提出了文化距离假说,即旅居者的文化与东道国的文化距离越大,其跨文化适应就越困难,反之则相反。来华留学生对中国高校的趋同化生活管理和趋同化思想教育管理存在体验差异的重要原因是其本国文化与中国文化的文化距离的远近。与中国文化距离越远,来华留学生面临生活上和思想上的挑战就越多,在趋同化管理下需要克服的困难就越多。因此，笔者认为提升趋同化生活管理和趋同化思想教育管理质量的重要基石是理解不同国家和地区的来华留学生面临的文化距离远近，理解文化价值观差异给他们带来的冲击和挑战，进而完善趋同化管理规定和提升趋同化管理水平。

五　访谈分析

通过分析编码要素内容以及编码要素频次统计结果，笔者认为来华留学生在趋同化生活管理和趋同化思想教育管理方面的感受差异主要受其不同的文化价值观的影响。来华留学生对趋同化生活管理的感受差异主要受其文化价值观中的集体主义与个人主义、不确定性规避两个文化维度的影响，而来华留学生在趋同化思想教育管理方面的感受差异主要受其文化价值观中的长期取向与短期取向这个文化维度的影响。

（一）集体主义与个人主义维度

很多高校在趋同化生活管理中非常重视住宿方面的硬件设施建设，很多来华留学生宿舍配有独立卫生间、浴室、空调、网线等，但是在提升硬件设施的同时，还要完善宿舍软环境的管理。多数来华留学生在校内住宿，和不同国籍的同学成为室友，他们面临的跨文化挑战比中国学生要大得多。不同国家或地区的来华留学生处在同一环境是跨文化交流的机会，但也易发生冲突。以某高校为例，来华留学生入学后，学校统一安排住宿，住宿规格为2~3人/间，一些来华留学生由于文化背景、生活习惯不同而发生矛盾，在宿舍争吵甚至发生肢体冲突，学校在批评教育的同时，不得不调换宿舍，将文化背景相近或同一班级的来华留学生安排在一起住宿，从而减少矛盾，避免冲突。还有高校对来华留学生既提供双人宿舍，也提供单人宿舍，学生可依据自己的喜好选择。有些来华留学生明确表示双人宿舍太狭小，一定要住单人宿舍。还有一些来华留学生表示宿舍空间小，希望和本国同学在校外租住更宽敞的房子。

通过访谈分析，笔者发现住宿多元化需求的背后是来华留学生受其文化价值观中的集体主义与个人主义维度的影响。笔者通过编码分析访谈资料，发现部分来华留学生在住宿中出现"抱团"的现象——更愿意住在本国家或本地区的同学附近，即文化背景相似群体的"抱团性"。在同学关系上，不同国家和地区的来华留学生具有明显的差异性。东南亚国家、中东国家、非洲国家的来华留学生喜欢和本国或相邻国家的来华留学生进行交往，寻找文化共性，与文化差异大的来华留学生交往少。而中东欧国家的来华留学生认为与不同国家的人交往是有益的，是学习其他文化的良好机会。这种差异实质是文化价值观中集体主义与个人主义维度上的差异。一些集体主义观念强的国家的来华留学生喜欢融入有凝聚力的团体中，认为在团体中更有安全感，愿意受到团体的保护，因此相同国家或相近文化地区的来华留学生"喜聚集、爱抱团"。一些个人主义观念强的国家的来华留学生往往与其他同学之间关系松散，甚至交往较少，他们更关注自己的事情，以个人的喜好和习惯来生活。这种差异是高校趋同化生活管理中需要考虑的重要因素。来华留学生在集体主义与个人主义维度上的差异会导致其在住宿方面的多元化需求，了解多元化需求、细化管理措施是提升趋同化生活管理质量的重要方面。

（二）不确定性规避维度

通过对访谈资料的分析，笔者发现来华留学生对校园饮食的适应性差异主要受其文化价值观中的不确定性规避维度的影响。在不确定性规避较强的文化中，人们认为不确定性是对生活的一种威胁，要尽量避免，例如对不同人采用不同的语言模式、对不洁物品和禁忌有严格的规定等。在不确定性规避较弱的文化中，人们认为不确定性是生活中的正常现象，是生活中可以接受的一部分。因此，不确定性规避较强的国家的来华留学生往往不愿突破自己饮食上的习惯，对不同于本国的食物不愿尝试，或尝试后难以适应。而不确定性规避较弱的国家的来华留学生往往敢于尝试新奇的食物，并且用比较轻松的态度对待他们不熟悉的口味。在不确定性规避维度上的差异使得来华留学生对中国校园饮食的体验差异较大，有些来华留学生尽管在中国高校学习多年，但仍然不习惯、不喜欢，甚至不接受中国校园餐厅的食物，喜欢在校外寻找符合本国饮食传统的餐厅，或是在校外租房自己做饭。而另外一些学生很快适应了中国的校园饮食，并喜欢上了中国菜，这和他们文化中不确定性规避较弱有关系，他们喜欢尝试没有品尝过的中国美食、地方小吃，把这些当作重要的跨文化经历，并在一些自媒体上分享自己体验中国校园餐饮的经历。例如，在访谈中，一位来自非洲的来华留学生谈道，他会把喜欢的中国菜品的名字记下来，在网上搜寻这些菜的做法，在具备烹饪条件的时候他尝试做了中国菜，并邀请朋友一起享用，这是极为积极正面的饮食体验。由此可见，来华留学生文化价值观中的不确定性规避维度上的差异会导致饮食方面的多元化需求，了解不同国家和地区来华留学生的饮食特点、饮食习惯是高校构建多元化餐饮服务的基础，是提升来华留学生对趋同化生活管理认可度、满意度的重要路径。

（三）长期取向与短期取向维度

通过对访谈资料的分析，笔者发现来华留学生在思想教育方面的感受差异主要受其文化价值观中的长期取向与短期取向维度的影响。在长期取向的文化中，人们往往以未来为导向，能够为实现未来的目标或规划而改变自己的行为模式，而短期取向文化中的人们往往以过去为导向，如尊重传统、注重面子等。来华留学生带着不同的文化价值观来到中国，相对于中国学生的思想教育管理，来华留学生在思想上出现的问题更加复杂微妙。一些来华留学生对中国的法律法规和学校的校规校纪能够较快适应，而另外一些来华留学生对中国学生习以为常的规定难以接受。这种差异的背后是来自长期取向文化中的留学生往往以未来为导向，设立了清晰的学业目标，并为了完成目标而坚持不懈地努力，在这个过程中努力适应中国的法律法规和学校的校规校纪。虽然他们有时感受到一些规定与他们本国的习俗有较大差异，但是他们能够调整自身的认知模式和行为模式，努力适应。来自短期取向文化中的学生往往注重本国的传统，在异国他乡依然希望保有本国传统的风俗习惯，例如能够过传统节日、穿戴传统服饰、参加传统仪式等。一位受访的中东欧国家的来华留学生提到，"每当到我祖国的传统节日时，我非常思念我的家人，因为在以往的传统节日中，我和我的家人在一起，心里感到非常温暖，那是我的幸福时光"。一位受访的非洲国家的来华留学生提到，"我把一些传统服装和传统手镯带到中国，我每次穿上它、戴上它，就觉得自己回到了非洲，我很想念我的家乡"。由此可见，来华留学生在异国求学，思乡情绪往往比中国学生更加强烈，特别是本国文化中具有短期取向特点的来华留学生，注重本国的传统习俗，不愿调整自己的思维方式和行为习惯，对中国高校的一些制度和规定表现出不理解、不适应，这些学生需要克服的文化障碍往往更多。因此，趋同化思想教育管理不是只把法律条文、规章制度灌输给来华留学生，而是根据他们的文化差异采用有指导、有温度的方式使他们理解中国的法律法规和学校的校规校纪。高校对他们的思想教育管理应具有人文关怀和思想引导，使他们感受到中国校园的温暖和支持，助力他们更好地适应在华学习。

  本章主要阐述了来华留学生在趋同化生活管理和趋同化思想教育管理方面的感受差异，分析了来华留学生文化价值观中的集体主义与个人主义、不确定性规避两个维度对趋同化生活管理的影响，分析了来华留学生文化价值观中的长期取向与短期取向对趋同化思想教育管理的影响。笔者认为趋同化管理应避免简单的"一同了之"，来华留学生的文化价值观差异是趋同化生活管理和趋同化思想教育管理中重要的"异"因素，将来华留学生的文化差异、生活习惯、跨文化特点等因素纳入管理视线，引导帮助来华留学生克服文化冲击，是提升趋同化管理整体质量的重要路径。

第七章
对趋同化管理的思考与建议

一 文化价值观与趋同化管理的关系

本书始于笔者在工作中与来华留学生接触的过程中产生的对趋同化管理"同中有异"原则的关注和探究兴趣。在此基础上通过文献研究，笔者发现国内学者对趋同化管理"同中有异"原则中的"异"因素研究关注度不够，研究多数为基于工作的经验总结，或缺乏运用理论指导研究，或缺乏实证研究。因此，笔者力图挖掘文化价值观差异作为"异"因素对趋同化管理影响的理论依据，结合目前来华留学生发展趋势、"一带一路"教育行动等，选定了部分共建"一带一路"国家来华留学生为研究对象，借鉴文化维度理论，对来华留学生的文化价值观特点进行研究。笔者收集了已经实施趋同化管理的高校中的来华留学生的体验和感受，通过大量访谈资料编码分析，从来华留学生的文化价值观和他们对趋同化管理的看法中提取变量，找出文化价值观变量和趋同化管理变量之间的关系。笔者认为在趋同化教学管理方面，来华留学生的文化价值观中的三个变量，即师生距离、学业竞争意识、自我要求倾向，对来华留学生的课程评价和考试适应产生了影响。同时，笔者认为来华留学生文化价值观中的集体主义与个人主义、不确定性规避、长期取向与短期取向三个维度对来华留学生对趋同化生活管理和趋同化思想教育管理的感受差异产生了影响。本书以来华留学生文化价值观差异为趋同化管理"同中有异"原则中重要的"异"因素，挖掘现有西方文化价值观理论成果，结合来华留学生实际情况，以质性和量化相结合的方式开展研究，探究来华留学生文化价值观差异，将文化价值观研究与教育管理研究相结合，提升教育管理研究的延展性。

来华留学生是一个庞大而复杂的群体，他们带着各自的文化价值观来到中国，在趋同化管理的背景下，在与中国学生、其他国家的来华留学生的交流中必然产生不同的碰撞。考虑到来华留学生来源国分布广、数量庞大，笔者选取部分共建"一带一路"国家来华留学生作为研究对象，包括东南亚国家、中东国家、中东欧国家、非洲国家四个区域的来华留学生。这四个区域文化差异大，区域文化特征明显，适于开展文化价值观差异研究。其中，东南亚国家是来华留学生的重要生源地，这个区域中的很多国家与中国在教育方面的合作起步早、来华留学人数多。在文化上，东南亚国家与中国毗邻，自古以来与中国在政治、经济、文化等方面的联系紧密，与中国文化有相通之处，文化距离小。中东欧国家在历史上曾经是社会主义国家，虽然属于欧洲，但在文化上与中国有较多的交流与合作，文化上既有共性也有差异。中东地区有很多共建"一带一路"国家，虽然该区域来华留学生较少，但近年来呈上升趋势。非洲国家的来华留学生数量不多，近年来增幅很大，是最具潜力的来华留学生源地区。该区域的国家大多经历过被殖民，很多官方语言中还保留着西方国家的语言，在文化上既保持着本民族的特点，又有西方文化的影子。基于上述研究背景，本书以部分共建"一带一路"国家来华留学生为研究对象，从来华留学生的文化价值观差异入手，聚焦反映文化价值观差异的变量，探究这些变量对趋同化教学管理、趋同化生活管理、趋同化思想教育管理三个维度的影响。

中国高校在实施趋同化管理的过程中遇到较多现实问题，笔者通过梳理，将这些现实问题归为三类。一是来华留学生录取门槛低，不利于实施趋同化管理。二是高校部门协同不足，导致趋同化管理形神分离。

三是来华留学生文化差异大,增加了趋同化管理难度。其中第一个问题源于高校急于扩大来华留学生的招收规模,目前多数高校在提高来华留学生入学质量方面已有共识,即通过规范入学评价体系来逐步解决这个问题。第二个问题源于高校在来华留学生管理方面经验不足,内部协同机制尚未理顺,目前高校在总结经验,逐步改进。来华留学生文化差异大是长期存在的现实问题,消除文化距离带来的适应困难不是一朝一夕可以做到的。笔者认为,国内高校应充分认识来华留学生文化价值观差异对趋同化管理的积极作用和消极影响,充分发挥文化价值观差异的积极作用,降低文化价值观差异的消极影响,促进文化融合,避免文化冲突。因此,开展来华留学生文化价值观差异研究,就是找出文化价值观差异对趋同化管理的影响因素。本书借鉴文化维度理论,调研来华留学生在趋同化教学管理、趋同化生活管理、趋同化思想教育管理下的感受和体会,通过分析文化价值观差异的外在表现,确立文化价值观差异与趋同化管理之间的联系,如抽丝剥茧一般,挖掘来华留学生在趋同化管理下不同的认知和体验背后的文化价值观差异因素,以及这些因素对趋同化管理的影响,这些探究对于丰富趋同化管理的文化内涵,提升趋同化管理质量具有实践意义。

二 对趋同化管理的思考

目前,中国已经成为世界第三大留学生接收国,来华留学生数量已经接近50万人。如何对来华留学生进行有效的教育管理,保障来华留学生教育质量是教育主管部门和学界关注的问题。教育部提出推进中外学生教学、管理和服务的趋同化,说明我国教育主管部门已将趋同化管理作为高校管理来华留学生的重要模式。一方面,高校应在入学测评、学籍管理、学位授予等关键环节,对中外学生采取一视同仁的态度,确保中外学生在教育质量上的同质性;另一方面,高校应注重在教学管理实施过程中,根据本校来华留学生的特点,遵循"同中有异"的原则,因地制宜，创新和补充有效的管理手段，促进来华留学生教育质量的提高。

笔者在梳理国内外文献过程中，发现国内学界对趋同化管理的认识多数停留在概念上，没有划分具体维度。高校在实施趋同化管理过程中多数从经验出发，缺乏理论支撑。趋同化管理是一个系统工程，涉及高校管理的方方面面，趋同化管理维度划分有助于趋同化管理研究的深入化和系统化，如同将一个工程解析为不同的截面，围绕不同重点开展研究。笔者通过分析趋同化管理概念和梳理高校实施趋同化管理的经验，将来华留学生的趋同化管理划分为趋同化教学管理、趋同化生活管理、趋同化思想教育管理三个维度，并界定了三个维度的概念。本书将趋同化管理由概念延伸到具体维度，围绕各个维度展开研究，有利于加强趋同化管理研究的深度和广度。在管理制度趋同化的过程中，来华留学生依然存在较大的语言差异和文化差异，特别是文化差异始终贯穿于趋同化管理三个维度之中。趋同化管理中的趋同不是等同，应遵循"同中有异"的原则。本书围绕趋同化管理"同中有异"原则中的"异"因素展开，探究来华留学生文化价值观差异对趋同化管理的影响。笔者从趋同化管理的三个维度出发，从微观层面探索来华留学生的文化价值观差异，并深入思考这种差异如何对趋同化教学管理、趋同化生活管理、趋同化思想教育管理产生影响。

（一）趋同化教学管理的"同中有异"

在趋同化教学管理背景下，笔者对来华留学生的文化价值观维度进行了探析。作为本书的起点，对来华留学生文化价值观差异进行解析是整个研究首先需要做的。通过分析来华留学生的文化价值观差异对趋同化教学管理的影响，本书揭示了来华留学生文化价值观变量与趋同化教学管理变量之间的内在联系，确立了文化价值观差异是趋同化教学管理遵循"同中有异"原则中的重要"异"因素。笔者深入探讨来华留学生的师生距离、学业竞争意识、自我要求倾向三个文化价值观变量对来华留学生的课程评价和考试适应的影响，聚焦来华留学生在学习情境下文化价值观变量的差异分析，进而探究此种差异对趋同化教学管理的影响。通过上述研究，笔者对趋同化教学管理的思考如下。

第一，正确处理来华留学生文化价值观差异是提升趋同化教学管理质量的有效途径。趋同化教学管理是趋同化管理的核心内容，提升趋同化教学管理质量对整体上提升趋同化管理质量具有重要意义。教学管理要遵照教学规律进行，趋同化教学管理同样要以教学规律和教学特点为基础。不同国家和地区的来华留学生具有不同文化特点，对来华留学生的趋同化管理，切忌"一同了之"。与传统教学管理相比，趋同化教学管理的学生群体发生了变化，教学工作的计划、组织、监督等过程也要相应变化。本书将课程评价和考试适应作为趋同化教学管理的核心变量，发现同样的课程和考试对一些学生来说是积极、愉快体验，对另一些学生来说是消极、负面体验，这些不同体验本质上与来华留学生的文化价值观差异密切相关。趋同化教学管理不应止于"同"，更要关注"异"，关注文化价值观差异对趋同化教学管理的影响。由于文化价值观是人们评判事物的标准，因此持有不同文化价值观的来华留学生对相同课程有不同的评价标准，对相同的考试有不同的适应性。为了探究文化价值观和趋同化教学管理的关系，笔者将上述两者量化为不同维度，量化来华留学生文化价值观为师生距离、学业竞争意识、自我要求倾向三个变量，将趋同化教学管理量化为课程评价和考试适应两个变量，探索各变量之间的影响关系。通过质性与量化相结合的方法，笔者研究发现来华留学生对课程评价的差异主要体现在课程的教学语言、课程设置、课程实施三个方面，来华留学生对考试适应的差异主要体现在考勤制度、考试方式、考试成绩三个方面。来华留学生对课程和考试有不同的感受和体验，反映出教与学的契合程度的不同。在教学管理中关注来华留学生文化价值观差异，在课程建设、考试管理等方面做到尊重学生文化身份，了解学生文化背景，正确处理来华留学生文化价值观差异是提升趋同化教学管理质量的有效途径。

第二，关注来华留学生对课程的多元化需求，加强趋同化教学管理中的课程建设。课程是趋同化教学管理的核心内容之一。本书从文化价值观视角分析，发现来华留学生对课程评价的差异性主要体现在教学语言、课程设置、课程实施三个方面。在教学语言方面，部分来华留学生因为教学语言不是自己的母语，心理上存在距离感，感到在与中国教师、中国学生交流中处于劣势地位，内心产生压力，而文化价值观中的较大师生距离使师生之间处于交流不多、沟通不畅的状态，从而使教学语言成为部分来华留学生对课程产生负面评价的重要原因。在课程设置方面，来华留学生由于自我要求倾向不同，对课程设置有不同的需求。自我要求倾向强的学生以达到外在学习成效为主导而投入学习活动，重视课程设置对专业学习的有效性，自我要求倾向弱的学生以满足内在学习兴趣为主导而投入学习活动，看重课程与个人学习兴趣的契合性，因此对课程设置需求呈多元化倾向。在课程实施方面，来华留学生由于师生距离不同，对课程实施过程中的教学方法、教学手段持有不同的评判标准，从而产生对课程评价的差异。通过分析来华留学生对课程的不同评价，笔者发现在趋同化教学管理下来华留学生的感受差异既反映了部分学生文化适应的短板，也反映了高校课程建设的不足。在课程的教学语言方面，一方面高校应积极引导学生消除对非本国语言的排斥心理，走出文化禁锢，积极融入趋同化教学管理下的语言环境；另一方面高校要加强对外汉语课程建设，开设多层次的汉语课程帮助来华留学生补齐语言短板，同时提升英文授课的课程质量，增强课程的国际化和兼容性，提高教师国际化水平，帮助来华留学生更好地适应课程内容。在课程设置方面，高校应不断完善课程体系，注重更新课程内容，增强课程的创新性，开设更多具有交叉学科特点的课程，满足来华留学生多元化的课程需求。在课程实施方面，高校应引导来华留学生适应趋同化教学管理下的教学方法和教学手段，克服自身文化对修习课程的不利影响。同时，高校也应根据学生对课程的反馈，鼓励教师创新教学方法和教学手段，吸引学生真正融入课程学习中，提升课程的国际化水平。

第三，关注来华留学生对趋同化考试的适应性，完善趋同化教学管理中的考试制度。考试是趋同化教学管理的核心内容之一。来华留学生对考试适应的差异性主要体现在考勤制度、考试方式、考试成绩三个方面。来华留学生由于文化价值观的差异，对趋同化考试的感受有差异，反映出其对趋同化考试制度的适应程度不同。笔者发现，学业竞争意识和自我要求倾向是影响来华留学生适应趋同化考试的两个变量。由于多数国内高校将考勤作为学生成绩评定的组成部分，来华留学生对考勤制度的感受差异在一定程度上反映了来华留学生对考试制度的适应性差异。在考勤制度方面，学业竞争意识强的学生重视学业成绩，认为遵守考勤制度是取得良好成绩的保障，会主动遵守考勤制度，而学业竞争意识弱的学生认为上课出勤是个人选择，考勤制度带给学生焦虑和压力，对考勤制度难以适应。在考试方式和考试成绩方面，自我要求倾向强的学生将考试结果作为衡量学业成功的重要标准，关注考试成绩的评定标准等外在指标，而自我要求倾向弱的学生将个人能力提升作为衡量学业成功的重要标准，关注考试方式与个人学习状态的契合性，对考试方式有多元化需求。目前，高校在趋同化考试中，既要做到对来华留学生一视同仁、公平公正，也要认识到我国高校考试制度存在的短板和不足。我国多数高校的考试方式和成绩评定方式较为单一，多以闭卷考试或提交论文为主，对学生的解决问题能力、实践操作能力考查不足，忽视了部分学生多元化、全面性的考试评价需求，不利于实现对学生的全面评价和对学生综合能力的培养。因此，高校应改进和完善趋同化教学管理下的考试制度，尊重学生的文化差异和个体差异，采用多种形式相结合的考试方式，全面考查学生的综合能力，使考试真正成为促进学生能力发展和综合素质提升的有效手段。

第四，跨文化教育是实施趋同化教学管理的重要保障。在趋同化管理下，如何减少来华留学生文化冲突、积极开展文化交流是摆在高校面前的重要命题。跨文化教育是对上述命题的有效回应。随着来华留学生数量日益增加，来华留学生文化背景也日益多元化，特别是中国提出

《推进共建"一带一路"教育行动》后,来华留学生的民族背景日益多元,来华留学生在共同学习过程中难免发生文化矛盾。因此,在趋同化教学管理下,高校必须为来华留学生提供高质量的跨文化教育。国际上已有成熟的跨文化教育纲领,如联合国教科文组织在 2006 年颁布的《跨文化教育指南》指出,"跨文化教育在尊重学习者文化身份基础上,让学习者获取文化知识、文化态度、文化能力,使学习者们能够相互尊重、相互理解和相互团结,并充分积极地参与社会生活"。由此可见,对来华留学生进行跨文化教育,使其掌握一定跨文化知识、拥有正确跨文化态度、提升跨文化能力,才能使其在共同学习中避免文化冲突,积极参与文化交流,最大限度发挥趋同化教学管理的积极作用。笔者发现,尽管趋同化教学管理为不同国家和地区的来华留学生提供了跨文化交流平台,但来华留学生在跨文化交流中有不同的倾向性,其本质是受文化价值观中师生距离、学业竞争意识、自我要求倾向因素的影响。来华留学生文化价值观差异鲜明,有针对性地开展跨文化教育是解决文化冲突的有效途径,是实施趋同化教学管理的重要保障。

(二)趋同化生活管理中的"同中有异"

笔者对趋同化生活管理背景下来华留学生的校园饮食体验和校园住宿体验进行了探析。通过深度访谈和质性分析,笔者发现来华留学生对趋同化管理下的校园生活有不同的感受和体验,形成了不同的评价,其中既有积极正面的评价,也有消极负面的评价。来华留学生对校园饮食和校园住宿的评价差异与他们的文化价值观差异有密切联系。不同文化背景的来华留学生具有多元化的生活需求,这对趋同化生活管理提出较大挑战。笔者发现来华留学生文化价值观中的两个维度,即集体主义与个人主义、不确定性规避维度,分别对来华留学生在校园饮食和校园住宿方面的感受和体验有显著影响。本书探讨了来华留学生的集体主义与个人主义、不确定性规避两个文化价值观维度对来华留学生的饮食方面和住宿方面的影响,进而探究了此种差异对趋同化生活管理的影响,由此表明来华留学生文化价值观差异对趋同化生活管理存在影响，是趋同化生活管理"同中有异"原则中的重要"异"因素。通过上述研究，笔者对趋同化生活管理的思考如下。

第一，正确处理来华留学生文化价值观差异是趋同化生活管理中的重要软件建设。几乎所有来华留学生初到中国高校学习时，都会面临生活习惯上的差异和不适应，而校园饮食和校园住宿往往是来华留学生需要克服的适应难题中的重要项。目前，很多高校努力提升校园饮食水平与校园住宿的硬件设施，以期为来华留学生提供高质量的趋同化生活管理服务。然而，提升硬件设施并不是完善趋同化生活管理的唯一方式，重视趋同化生活管理中的软件建设同样是提升趋同化生活管理质量的重要路径。来华留学生对校园生活的满意度不仅来自硬件设施，还来自以人为本的管理制度和服务措施。对于来华留学生文化价值观差异的正确理解和认识是趋同化生活管理中的重要软件建设，是构建充满人文关怀的趋同化生活管理制度的重要基础。来华留学生在文化价值观上的差异直接影响他们对校园饮食与校园住宿评判的标准，直接影响他们对中国校园饮食与校园住宿的接受程度和满意程度。因此，了解不同国家和地区的来华留学生的风俗习惯、正确处理来华留学生文化价值观差异、细化趋同化生活管理的相关措施，将来华留学生的生活硬件设施提升与软件建设结合起来，是提升趋同化生活管理质量的重要途径。

第二，关注来华留学生的差异化需求，完善趋同化生活管理下的住宿软环境。笔者发现文化价值观中的集体主义与个人主义维度对来华留学生对校园住宿的感受和体验有显著影响。在住宿方面，一些集体主义观念强的国家的来华留学生喜欢融入有凝聚力的团体中，认为在团体中更有安全感，愿意受到团体的保护，因此一些相同国家或相近文化地区的来华留学生在校园住宿方面注重寻找文化共性，愿意与来自本国家或本地区的同学成为室友。而另一些个人主义观念强的国家的来华留学生恰恰相反，他们愿意和来自不同国家的人交往、成为室友，认为这是学习其他文化的良好机会。这种差异化需求说明在校园住宿中跨文化环境的构建是校园住宿软环境中的重要因素，是高校为来华留学生提供多元化住宿选择的基本依据。细化校园住宿的管理措施，提供多元化选择有利于改善校园住宿的软环境，有利于减少来华留学生之间可能产生的矛盾和冲突，有利于为来华留学生构建和谐安全的住宿环境。

第三，关注来华留学生对校园饮食适应性的差异，提供趋同化生活管理下的多元化选择。笔者发现来华留学生文化价值观中的不确定性规避维度对来华留学生在校园饮食方面的感受和体验有显著影响。在不确定性规避较强的文化中，人们对不确定性的事物往往采取观望甚至是回避的态度，对新鲜事物缺乏热情。由此可以理解为什么一些来华留学生不愿突破自己饮食上的习惯、对不同于本国的食物不愿尝试或尝试后难以适应，这是由于他们文化背景中的不确定性规避较强。在不确定性规避较弱的文化中，人们认为不确定性是生活中的正常现象，是生活中可以接受的一部分。因此，另外一些来华留学生喜欢尝试新奇的食物，能够轻松对待他们不熟悉的口味，并迅速适应校园餐厅的食物。由此可知，高校在趋同化生活管理中应关注来华留学生对校园饮食适应性的差异，明白这不仅是个人生活习惯上的差异，更是文化价值观差异的外在表现，从而将来华留学生的饮食特点和相关的文化价值观作为高校提供多元化餐饮服务的重要参考因素，既为来华留学生提供符合区域性饮食习惯的餐饮服务，又为他们提供丰富多样、具有异国情调的饮食体验。中国校园饮食的多元化选择将提升来华留学生对在中国校园生活的满意度，有利于他们跨越文化障碍，融入中国校园生活。

（三）趋同化思想教育管理中的"同中有异"

本书探讨了来华留学生的文化价值观差异对趋同化思想教育管理的影响，揭示了来华留学生文化价值观差异与趋同化思想教育管理之间的内在联系。来华留学生文化价值观中的长期取向与短期取向维度对来华留学生的思想教育产生了显著影响，由此表明文化价值观差异是趋同化思想教育管理遵循"同中有异"原则中的重要"异"因素。笔者认为，高校应关注趋同化思想教育管理中的文化障碍,对来华留学生开展分类指导。趋同化思想教育管理是笔者首次提出,主要指对来华留学生的思想教育和文化引领,趋同化体现在指导来华留学生了解中国法律法规和中国国情,引导来华留学生遵纪守法、遵守校纪校规,同时尊重来华留学生的本国文化、风俗习惯、宗教信仰等。对来华留学生的思想教育管理涉及法律法规、宗教信仰、风土人情等众多因素,与中国学生的思想教育管理差别较大,是趋同化管理中的难点。本书阐述了来华留学生文化价值观中的长期取向与短期取向维度影响了来华留学生对趋同化思想教育管理的感受与体验。具有长期取向文化特点的来华留学生以未来为导向,为实现学业规划而努力调整自己的认知模式和行为模式,适应中国的法律法规和学校的校规校纪。具有短期取向文化特点的来华留学生以过去为导向,注重保持本国的传统风俗习惯,思乡情绪比较强烈,难以调整自己的思维方式和行为模式,在接受我国的法律法规和高校规章制度方面往往存在诸多不适应。因此,趋同化思想教育管理应基于来华留学生的文化差异,采用差异化的管理方式,避免灌输式、生硬的方法,根据来华留学生的文化特点进行分类指导、有效引导,帮助他们克服文化障碍带来的不适应,使他们在理解的基础上,自觉自愿遵守中国的法律法规和高校的校规校纪。

三 对趋同化管理的建议

笔者通过开展来华留学生文化价值观差异研究,调研来华留学生对趋同化管理的体验和感受,经过对趋同化管理现状的思考,提出如下建议,希望对提升来华留学生趋同化管理质量有积极作用。

一是高校在实施趋同化教学管理过程中,应出台促进课程建设的具体措施,优化课程体系设计,提升课程国际化水平,满足中外学生多层次、多元化需求。目前,我国高校的课程体系多数基于学科培养方案而设计,多数培养方案将课程划分为专业基础课、专业课、公共课等基本类型，强调学生对专业知识的获得和专业能力的培养。上述课程体系多是以中国学生为培养对象设计的，而中外学生趋同化管理模式下，课程体系应以中外学生为培养对象，优化课程体系设计，提升课程体系的国际化水平。高校在实施趋同化教学管理过程中，应着力设计适用于中外学生的课程体系，加强来华留学生汉语课程设置，在课程体系中为来华留学生提供充足的、多层次的汉语课程，同时建设具有学科特色的英文授课专业和英文课程群，培养和引进国际化师资队伍，着力增加英文授课的专业课程数量，并提升授课质量，缩小来华留学生和中国学生的语言差距，为中外学生共同适应趋同化教学管理模式打下良好基础。在课程内容和教学手段上，高校应根据学科特点，更新教学内容，创新教学手段。对于理工类专业，高校应将课程与前沿学术成果接轨，加强与国外高校的合作，鼓励教师与国外高水平学者共建课程，搭建资源共享平台，共享优质教学资源，增强课程的创新性和时代性。对于文史类专业，高校应注重课程的文化包容性，既要立足本国文化，讲好中国故事，也要兼收其他国家的文化知识，满足来自不同地域学生的文化需要。在课程设计上，高校应引入环境气候、职业伦理、世界关系等需要人类共同面对、共同解决的问题，增强中外学生对人类命运共同体的认识和理解。高校应鼓励教师拓展教学视野，探索具有学科交叉性质的课程设计，满足中外学生多层次、多元化的学习需求，提高中外学生对课程的参与度和满意度，提升中外学生的整体培养质量。

二是高校应创新教学管理理念，丰富考试形式，出台完善考评制度的具体措施，建立健全考试评价与分析的反馈机制。考试是教学中的重要环节，考试制度是教学管理的重要组成部分。在趋同化教学管理中，由于中外学生具有不同的文化背景和学习背景，对考试制度的理解和考试方式的适应有较大差异。高校在实施趋同化考试时，既要对中外学生一视同仁、公平公正，引导学生正确认识和理解考试制度，也要正视和尊重中外学生对考试适应性的差异，创新考试设计理念，丰富考试形式，建立以考查学生综合能力、实践能力、创新能力为导向的考评制度。例如，清华大学通过对本科生学业评价的现状分析发现"在评价策略和方法上存在评价内容较为单一，以知识的考核为主，缺乏对创新、合作、沟通等能力和素质的考核"。因此，清华大学在2015年发布了《"建立促进学生全面发展的学业评价体系"改革方案》，提出"以引入等级制为抓手，全面改革现有的学业评价体系"。[①] 从百分制到等级制的改革体现了评价方式的改变，引导学生避免为追求精细化的成绩评分而过度刷题，从而忽视了对学术志向和创新能力的追求。同时高校应加强对考试结果的分析，建立健全考试评价与分析的反馈机制，如尝试建立"试卷返回和当面批改制度"，教师通过考试反馈机制，总结教学中的经验和不足，纠正学生学习中存在的问题，使考试真正成为强化学生学习动机、培养学生学习能力、激发学生学习潜能的重要手段，充分实现考试反哺教学的功能，提升趋同化教学管理的质量。

三是高校既要提升校园生活硬件设施，也要积极建设校园生活软环境，提高来华留学生对趋同化生活管理的满意度。我国高校积极提升校园生活硬件设施，为中外学生创造良好的生活条件，但部分来华留学生依然面临生活上的不习惯、不适应，难以融入中国校园生活的困境。来华留学生生活适应难题的产生既有外在原因，也有内在原因。外在原因是部分高校在实施趋同化生活管理时还基于传统的中国学生的需求，如饮食口味、住宿环境等，无法满足来华留学生的多元化需求。内在原因是来华留学生的文化价值观差异较大，融入中国校园生活的进程和速度各不相同。高校应将来华留学生的生活需求纳入学校整体生活管理的规划之中，在饮食、住宿、医疗等方面充分调研中外学生的需求，了解他们面临的生活难题，为中外学生提供多元化选择。一方面积极引导来华留学生克服跨文化障碍，另一方面细化完善趋同化生活管理相关制度措施，将以人为本和人文关怀作为制定相关制度的重要基石，为来华留学

---

① 《"建立促进学生全面发展的学业评价体系"改革方案》，百度文库，https://wenku.baidu.com/view/990b55382f3f5727a5e9856a561252d380eb20e0.html?fr=search-1-income1-psrec1&fixfr=5jKb5TEFhnf2TIqMsUf%2BYA%3D%3D。

生构建和谐的校园软环境，提高来华留学生对趋同化生活管理的认可度、满意度，增强来华留学生对中国校园的归属感。

四是高校要完善趋同化思想教育的管理模式，探索创新适合来华留学生的思想教育方式，既要避免来华留学生思想教育管理出现真空，也要避免粗放式的灌输。在趋同化管理的实施过程中，相较于教学管理和生活管理而言，思想教育管理往往既复杂又微妙。来华留学生的思想教育与中国学生差异巨大，其中既有身份差异又有文化差异。身份差异在于来华留学生是外国人的身份，一些适合中国学生的传统思想教育内容和方式不适用于来华留学生。文化差异在于具有不同文化背景的来华留学生对同样的法律法规、校规校纪有不同的理解角度和解读方式。然而，上述差异并不意味着高校无法实施对来华留学生的思想教育，形成来华留学生的思想教育管理真空，与之相反，高校应加强对来华留学生的思想教育管理，教育他们遵守我国的法律法规及学校的规章制度和校规校纪，尊重我国的社会公德和风俗习惯。高校应为来华留学生思想教育工作提供人力、物力方面的支持，配备专职工作人员负责来华留学生的思想引领、法律宣传、文化交流等工作，同时发挥学生组织和社团的力量，了解来华留学生的思想动态，通过案例分析、经验介绍等方式，帮助他们摆脱思想上的困惑。高校应遵循趋同化管理"同中有异"的原则，既要尊重来华留学生的风俗习惯，又要明确法律和校规的底线，因地制宜，探索和创新适合来华留学生的思想教育方式，避免生硬地把法律条文、规章制度灌输给来华留学生，而是采用有指导、有温度的方式使他们理解中国的法律法规和学校的校规校纪，使来华留学生真正认识到他们在中国学习就要做到入乡随俗，要遵守和尊重中国的法律法规和学校的校规校纪，这是他们顺利完成学业的重要保障。

五是发挥中外学生文化差异的积极作用，丰富趋同化管理内涵，提升趋同化管理质量。来华留学生的文化价值观差异是实施趋同化管理过程中的一道天然障碍，如何促进来华留学生相互理解、逾越障碍、文化融合是趋同化教学管理的重要命题。高校应重视趋同化管理过程中的来华留学生交流，搭建交流平台，破除文化樊篱，出台促进文化融合、避免文化冲突的具体措施，充分发挥来华留学生文化差异对趋同化管理的积极作用。不同区域、不同国家学生在文化交流倾向上有很大差异，部分学生喜欢与不同文化背景的学生交流，善于求同存异；部分学生喜欢与文化距离近的学生聚集，形成文化小圈子，在客观上形成文化樊篱，不利于融入跨文化学习环境和氛围中。因此，高校应倡导多元文化交流，积极开展文化活动，为来华留学生搭建交流平台，促使来华留学生感受多元文化的精彩和魅力，积极参与多元文化交流互动。来华留学生感受到异国文化魅力，理解不同思维方式，既能提升来华留学生的国际视野和对外交流能力，又能培养来华留学生知华、友华、爱华的情怀，使趋同化管理发挥最大限度的积极作用。

总之，趋同化管理不是等同化管理，需遵循"同中有异"的原则，本书对"异"因素的探究有助于提升趋同化管理质量，为趋同化管理提出有益建议。来华留学生的文化价值观差异是不可忽视的"异"因素，不重视"异"，就难以做到"趋同"，因此对来华留学生文化价值观差异的研究对促进趋同化管理具有现实意义。

四 趋同化管理研究的展望

随着"一带一路"倡议得到许多国家响应，越来越多共建"一带一路"国家的青年学子进入中国高校学习，在趋同化管理背景下的来华留学生必然产生文化碰撞，文化价值观差异对趋同化管理的影响将是一个长期存在的问题。基于上述背景，笔者认为对来华留学生趋同化管理的研究应该更深入、更系统，如同将一个工程解析为不同的截面，围绕不同重点开展研究。因此，本书将趋同化管理划分为三个维度，即趋同化管理中的教学管理、生活管理、思想教育管理，并围绕三个维度开展研究。这三个维度的划分基于趋同化管理概念和高校实施趋同化管理的经验，但维度划分的科学性还有待验证，对三个维度的研究还较为粗浅，只限于来华留学生文化价值观的微观层面。本书缺乏从宏观和中观层面开展的研究，即缺乏从国家政策层面和高校管理层面开展的研究，希望未来有更多学者对来华留学生趋同化管理与国际化人才培养进行多角度、多层次的探讨，对于趋同化管理进行更有深度与广度的研究。

在研究方法上，本书采用了定量与定性相结合的混合研究方法，通过查找文化价值观和趋同化管理的研究结果和相关文献，分析这两个领域的已有研究，聚焦研究问题，并汲取了以往研究成果的精华，确立了本书的理论支点，为构建研究框架和研究设计奠定了理论基础。笔者采用访谈法，通过对部分共建"一带一路"国家来华留学生开展深度访谈，获取信息，在已有文献基础上开发本书的测量工具。在访谈编码基础上，笔者提取相关变量，通过问卷的探索性因子分析和验证性因子分析检验问卷的信度和效度，对问卷中的不合理变量及时修正，提高问卷质量。通过问卷分析，笔者对 632 个有效样本进行了针对整体模型全部测量项目的验证性因子分析，确定了具体变量之间的联系。通过上述研究，笔者积极探讨了来华留学生的文化价值观差异对趋同化管理的影响。尽管笔者已发现了一些趋同化管理质量的影响因素，但对深入研究趋同化管理、国际化人才培养和人文交流来说仍是不充分的，在研究范式和研究方法上还需要更多的突破和创新。同时，本书的研究对象还存在样本来源偏窄的问题。当前联合国教科文组织（UNESCO）将全球划分为五个部分，分别是亚洲、非洲、北美与欧洲、南美与加勒比地区、阿拉伯地区，本书采集的样本局限于东南亚、中东、中东欧和非洲国家，样本来源偏窄。如果能扩大样本来源，扩大样本数量，应该能使本书的内容更加丰富，更有借鉴意义。因此本书距离更科学、更严谨的研究还有一定距离。

随着越来越多来华留学生进入中国高校学习，趋同化管理必将成为高校来华留学生的重要管理模式，而"同中有异"也必将是长期遵循的原则。趋同化管理的研究多数还处于探索阶段，需要理论研究成果给予支持，以提升趋同化管理质量。因此，开展趋同化管理研究具有一定的理论意义。来华留学生的文化价值观差异影响他们对高校管理模式的评价,影响他们对在中国学习的适应,因此对来华留学生的文化价值观差异开展研究具有一定的现实意义。本书从微观层面调研了来华留学生对趋同化教学管理的体验和感受,分析了来华留学生的文化价值观差异对趋同化管理的影响,挖掘了"同中有异"中重要的"异"因素。笔者希望更多学者以实施来华留学生趋同化管理的高校为案例,在趋同化管理上进行更为深入的调查研究,产生更多的研究成果为高校实施趋同化管理提供有益的参考。

参考文献

陈晓萍、沈伟主编，2018，《组织与管理研究的实证方法》，北京大学出版社。

陈强、文雯，2018，《"一带一路"倡议下来华留学生教育：使命、挑战和对策》，《高校教育管理》第3期。

陈正昌、程炳林、陈新丰、刘子健，2005，《多变量分析方法：统计软件应用》，中国税务出版社。

辞海编辑委员会编纂，1999，《辞海》，上海辞书出版社。

逢成华，2011，《论留学生校内趋同管理中的"同中有异"原则——以中国SC大学的趋同管理实践为例》，《黑龙江高教研究》第11期。

高英学，1998，《关于来华留学生教育管理对策的思考》，《中国高教研究》第6期。

顾明远主编，1998，《教育大辞典》（增订合编本），上海教育出版社。

胡瑞、余赛程，2018，《"一带一路"沿线国家来华留学生教育结构评价与发展策略》，《河北师范大学学报》（教育科学版）第5期。

胡文仲主编，1992，《文化与交际》，外语教学与研究出版社。

胡文仲主编，1999，《跨文化交际学概论》，外语教育与研究出版社。

李滔主编，2000，《中华留学教育史录：1949年以后》，高等教育出版社。

黄长彬、陈新忠，2022，《"特殊"还是"趋同"：高校留学生教育管理向度的反思与调整》，《青海民族大学学报》（社会科学版）第4期。

卢晓东，2017，《考试如何激发创新》，《教育学术月刊》第2期。

马佳妮、周作宇，2018，《"一带一路"沿线高端留学生教育面临的挑战及其对策》，《高等教育研究》第1期。

A.J. 马尔塞拉、R.G. 撒普、T.J. 西勃罗夫斯基主编，1991，《跨文化心理学》，肖振远等译，吉林文史出版社。

彭庆红、李慧琳，2012，《从特殊照顾到趋同管理：高校来华留学生事务管理的回顾与展望》，《河南师范大学学报》（哲学社会科学版）第5期。

邱洋海，2020，《来华留学生趋同化管理的困境与突破》，《神州学人》第1期。

荣泰生，2009，《AMOS与研究方法》（第二版），重庆大学出版社。

施方良，2008，《学习论》，人民教育出版社。

王欣梅，2019，《文化距离理论及其对跨文化教育的启示》，《世界教育信息》第4期。

王辉耀、苗绿主编，2020，《中国留学发展报告（2020~2021）》，社会科学文献出版社。

王辉耀、苗绿主编，2017，《中国留学发展报告（2017）》，社会科学文献出版社。

汪洁，2009，《团队任务冲突对团队任务绩效的影响机理研究——从团队交互记忆与任务反思中介作用视角的分析》，浙江大学博士学位论文。

吴明隆，2010，《结构方程模型：AMOS的操作与应用》（第二版），重庆大学出版社。

杨国枢、文崇一、吴聪贤、李亦园主编，2006，《社会及行为科学研究法（下册）》（第十三版），重庆大学出版社。

约翰·斯图亚特·穆勒，2014，《群己权界论》，严复译，北京时代华文书局。

于富增，2009，《改革开放 30 年的来华留学生教育：1978—2008》，北京语言大学出版社。

张利华，2015，《论文化价值观的两重性》，《当代世界与社会主义》第 1 期。

张铮，2010，《试论留学生管理的"特殊照顾"与"同一管理"——中美高校留学生管理之比较》，《经济与社会发展》第 3 期。

中国人权研究会编，2020，《消除贫困 共建一个没有贫困、共同发展的人类命运共同体！》，五洲传播出版社。

朱国辉，2011，《高校来华留学生跨文化适应问题研究》，华东师范大学博士学位论文。

Albert, E., 1968, *Value system. The international encyclopedia of the social science*, New York: Macmillian.

Ausubel, D. P., Novak, J. D., Hansian, H., 1968, *Educational psychology: A cognitive view*, New York: Rinehart and Winston.

Berry, J. W., 2005, "Acculturation: Living successfully in two cultures", *International Journal of Intercultural Relations* 29(6).

Berry, J. W., Kim, U., Minde, T., Mok, D., 1987, "Comparative studies of acculturative stress ", *International Migration Review* 21(3).

Bochner, S., 1982, "The social psychology of cross-cultural relations", *cited in Bochner, S., Cultures in contact: Studies in cross-culturalinteraction*, Oxford: Pergamor Press.

Bond, M. H., et al., 2004, "Culture-level dimensions of social axioms and their correlates across 41 cultures", *Journal of Cross-cultural Psychology* 35(5).

Brislin, R., Worthley, R., Macnab, B., 2006, "Cultural intelligence understanding behaviors that serve people's goals", *Group & Organization Management* 31(1).

Geertz, C., 1973, *The interpretation of cultures: Selected essays*, New York: Basic Books.

Hall, E. T., 1976, *Beyond culture*, Knopf Doubleday Publishing Group.

Heine, S. J., 2003, "An exploration of cultural variation in self-enhancing and self-improving motivations", cited in Murphy-Berman, V., Berman, J. J., *Cross-cultural differences in perspectives on the self*, University of Nebraska Press.

Hofstede, G. H., 2010, *Cultures and organiza*. Mc Graw Hill Company.

Hofstede, G. H., Hofstede, G. J., Minkov, M., 2005, *Cultures and organizations: Software of the mind*, New York: Mcgraw-hill.

Hofstede, G. H., 2001, *Culture's consequences: Comparing values, behaviors, institutions and organizations across nations.* 2nd ed. Thousand Oaks: Sage Publications.

House, R., Javidan, M., Hanges, P., Dorfman, P., 2002, "Understanding cultures and implicit leadership theories across the globe: An introduction to project GLOBE", *Journal of World Business* 37(1).

Kassarjian, H. H., 1977, "Content analysis in consumer research", *Journal of Consumer Research* 4(1).

Kim, Y. Y., 1993, "Cross-cultural adaptation: An integrative theory", cited in Wiseman, R. L., *Intercultural communication theory*, Sage Publications.

King, P. M., Baxter Magoldam, M. B., 2005, "A developmental model of intercultrual maturity", *Journal of College Student Development* 46(6).

Kluckhohn, F. R., Strodtbeck, F. L., 1961, *Variations in value orientations*, Chicago, IL: Row, Peterson Company.

Kogut, B., Singh, H., 1988, "The effect of national culture on the choice of entry mode", *Journal of International Business Studies* 19(3).

Kroeber, A. L., Kluckhohn, C., 1952, *Culture: A critical review of concepts and definitions*, Cambridge, MA: The Peabody Museum.

Minkov, M., 2009, "Predictors of differences in subjective well-being across 97 nations", *Cross-cultural Research* 43(2).

Minkov, M., Blagoev, V., 2009, "Cultural values predict subsequent economic growth", *International Journal of Cross-cultural Management* 9(1).

Mulder, M., 1976, "Reduction of power difference in practice: The power distance reduction theory and its application", cited in Hofstede, G., Kassem, M. S., *European contributions to organization theory*, Assen/Amsterdam: Van Gorcum.

Nanda, S., Warms, R. L., 1998, *Cultural Anthropology*, Belmont, CA: Wadsworth.

Rokeach, M., 1973, *The nature of human values*, New York: Free Press.

Schwartz, S. H., 1992, "Universals in the content and structure of values: Theoretical advances and empirical tests in 20 countries", *Advances in Experimental Social Psychology* 25.

Schwartz, S. H., 1994, "Beyond individualism / collectivism: New cultural dimensions of values", cited in Kim, U., Triandis, H. C., Kâğtçibaşi, C., Choi, S. C., Yoon, G., *Individualism and collectivism: Theory, method, and applications*, Sage Publications.

Schwartz, S. H., Melech, G., Lehmann, A., Burgess, S., Harris, M., Owens, V., 2001, "Extending the cross-cultural validity of the theory of basic human values with a different method of measurement", *Journal of Cross-cultual Psychology* 32(5).

Sirin, S. R., Fine, M., 2007, "Hyphenated selves: Muslim American youth negotiating identities on the fault lines of global conflict", *Applied Development Science* 11(3).

Thomas, D. C., 2006, "Domain and development of cultural intelligence:

The importance of mindfulness", *Group & Organization Management* 31(1).

Thomas, D. C., et al., 2008, "Cultural intelligence domain and assessment", *International Journal of Cross-cultural Management* 8(2).

Trompenaars, F., Hampden-Turner, C., 2011, *Riding the waves of culture: Understanding cultural diversity in business*, Nicholas Brealey Publishing.

Ward, C., Kennedy, A., 1999, "Acculturation and cross-cultural adaptation of british residents in Hong Kong", *The Journal of Social Psychology* 133(3).

附录 A
趋同化教学管理下中外学生文化价值观问卷

Cultural Values Survey for Chinese Students and International Students in the Universities of the Teaching Management Mode of Assimilation

在大学学习时，下列各项对您的重要程度是（单选）：

In studying in a university or a college, how important would it be to you. (please circle one answer in each line):

1 = 最重要	1 = of utmost importance
2 = 很重要	2 = very important
3 = 一般重要	3 = of moderate importance
4 = 不太重要	4 = of little importance
5 = 不重要或完全不重要	5 = of very little or no importance

01. 一个让你尊重的老师。　　　　　　　　　　1 2 3 4 5

Have a teacher you can respect.

02. 当老师的决定涉及您的学习时，他或她会咨询您的意见。

　　　　　　　　　　　　　　　　　　　　　1 2 3 4 5

Be consulted by your teacher in decisions involving your study.

03. 表现优良时获得荣誉或奖学金。　　　　　　1 2 3 4 5

Get honor or scholarship for good performance.

04. 成为班级中的优等生。　　　　　　　1　2　3　4　5
Be a top student in a class.

05. 你的学习受到你的朋友和家人的支持。　1　2　3　4　5
Have a study supported by your family and friends.

06. 和本国同学一起学习。　　　　　　　1　2　3　4　5
Study with classmates from your own country.

07. 理解教师授课时采用的教学语言。　　　1　2　3　4　5
Understanding teachers' teaching language in classes.

08. 具有课堂交流的语言能力。　　　　　　1　2　3　4　5
Have the communicative ability in classroom.

你在多大程度上同意以下说法（单选）：

To what extent you agree or disagree with each of the following statements.（please circle one answer in each line）：

　　　　1 = 非常同意　　　　1 = strongly agree
　　　　2 = 同意　　　　　　2 = agree
　　　　3 = 不确定　　　　　3 = undecided
　　　　4 = 反对　　　　　　4 = disagree
　　　　5 = 强烈反对　　　　5 = strongly disagree

09. 喜欢互动式教学方法的课程。　　　　　1　2　3　4　5
I prefer the courses with interactive teaching methods.

10. 喜欢有最新教学资源的课程。　　　　　1　2　3　4　5
I prefer the courses with the latest teaching resources.

11. 设置对我的专业学习有帮助的课程。　　1　2　3　4　5
I prefer the courses of academic program.

12. 设置符合我学习兴趣的课程。　　　　　1　2　3　4　5
I prefer the courses which interest me.

13. 按时出勤上课对我的学业很重要。 1 2 3 4 5
Attending classes on time is important for my study.

14. 考试方式对我的学业很重要。 1 2 3 4 5
The exam methods are important for my study.

15. 考试成绩对我的学业很重要。 1 2 3 4 5
Exam performance is important for my study.

你在选择工作时，下列各项对你的重要程度：
In choosing a job, how important would it be to you.

16. 高工资 High salary. 1 2 3 4 5

17. 自己感兴趣 The job interests me. 1 2 3 4 5

18. 留有自由娱乐的时间 Keeping time free for fun. 1 2 3 4 5

您的个人信息（仅作统计用）：

19. 性别：Are you

      1. 男　male

      2. 女　female

20. 你的年龄？How old are you?

      1. 20 岁或以下　　under 20 years

      2. 21～24 岁　　　21-24 years

      3. 25～29 岁　　　25-29 years

      4. 30～34 岁　　　30-34 years

      5. 35 岁以上　　　35 years or over

21. 你在大学学习的时间多久？
How long have you studied in the university of China?

      1. 6 个月以下　　　below 6 months

      2. 6～12 个月　　　6-12 months

      3. 13～24 个月　　13-24 months

      4. 24 个月以上　　beyond 24 months

22. 你的国籍是？What is your nationality?

———————————

谢谢您的合作！

Thank you very much for your cooperation!

附录 B
访谈提纲

1. 你喜欢在中国学习的课程吗？为什么？
2. 请说说你最喜欢的课程。请说说你不喜欢的课程。
3. 你如何看待在中国学习期间的考勤制度？请举例说明。
4. 你如何看待在中国学习期间的考试？请举例说明。
5. 你如何看待在中国学习期间的考试成绩？请举例说明。
6. 在课堂上，你喜欢老师有权威性，还是和学生平等相处？为什么？
7. 你和老师观点不一致时，会提出来吗？为什么？
8. 你和家人的关系密切吗？你经常服从父母的意见吗？如果你已做出决定，你父母的意见会改变你的决定吗？你和同学关系怎么样？
9. 你认为在家庭和就业中男女平等吗？
10. 你会因为未来的事情而感到焦虑吗？为什么？
11. 你同学的成绩超过你，你会焦虑吗？
12. 你在乎就业的稳定性吗？为什么？
13. 你如何看待本民族的传统？
14. 你经常储蓄吗？为什么？
15. 你未来选择职业时，你最在意什么？如果有一份高薪的工作，需要经常加班，占用你很多休闲时间，你会接受这样的工作吗？为什么？

16. 你喜欢中国学校餐厅的饭菜口味吗？为什么？
17. 请说说你最喜欢的菜品。请说说你不喜欢的菜品。
18. 你喜欢在中国学校宿舍住宿吗？为什么？
19. 如果可以选择，在中国学习期间你喜欢住在哪里？为什么？
20. 你如何看待中国的餐饮环境和住宿环境？请举例说明。
21. 你是否了解中国的法律法规？请举例说明。
22. 你是否了解中国学校的校规校纪？请举例说明。
23. 在中国学校的规章制度中，你是否有不适应的地方？为什么？
24. 在中国学习期间，你如何度过自己民族的传统节日？
25. 在中国学习期间，如果有法律方面的困惑，你会向谁求助？为什么？

图书在版编目（CIP）数据

趋同化管理中的"求同存异"：基于文化价值观视角 / 王欣梅，王孙禹著 . -- 北京：社会科学文献出版社，2024.12
（清华工程教育）
ISBN 978-7-5228-3038-4

Ⅰ.①趋… Ⅱ.①王… ②王… Ⅲ.①留学生教育-跨文化管理-研究-中国 Ⅳ.①G648.9

中国国家版本馆 CIP 数据核字（2024）第 020402 号

·清华工程教育·
趋同化管理中的"求同存异"
——基于文化价值观视角

著　　者 / 王欣梅　王孙禹

出 版 人 / 冀祥德
组稿编辑 / 宋月华
责任编辑 / 李建廷
文稿编辑 / 王　敏
责任印制 / 王京美

出　　版 / 社会科学文献出版社·人文分社（010）59367215
　　　　　 地址：北京市北三环中路甲 29 号院华龙大厦　邮编：100029
　　　　　 网址：www.ssap.com.cn
发　　行 / 社会科学文献出版社（010）59367028
印　　装 / 三河市东方印刷有限公司

规　　格 / 开 本：787mm × 1092mm　1/16
　　　　　 印 张：10.25　字 数：148 千字
版　　次 / 2024 年 12 月第 1 版　2024 年 12 月第 1 次印刷
书　　号 / ISBN 978-7-5228-3038-4
定　　价 / 128.00 元

读者服务电话：4008918866

版权所有 翻印必究